KB235358

디지털과 문화융합

 이야기로 세상을 바꾼다. 스토리하우스

스토리하우스

디지털과 문화융합

임준철 저

스토리하우스

머리말

디지털, 문화융합 그리고 '한국문화의 글로컬화'

디지털로 대변되는 현대기술문명은 문화 간 교류와 소통을 위한 문화융합의 가치를 다시 한 번 되새기게 하고 있다. 이는 인류 역사를 보편적으로 이끌어 온 문화, 미디어, 상상력의 관계와 그 소통의 프레임으로 우리의 일상을 좀 더 세밀하게 살펴보게 하고 있다. 이렇듯 일상을 둘러싸고 있는 수많은 관계를 고찰하고, 이를 드러내는 미디어와 현상들의 의미를 해석하면서, 이를 확대된 문화의 범주 속에서 어떻게 소통의 매개체로 활용할 수 있을 것인가를 고민하는 과정을 거치면서 현재의 문화와 문화교류는 다시금 그 의미를 회복할 수 있을 것이다. 이렇듯 문화융합은 우리의 일상을 보다 세밀한 의미단위로 구분할 것을 요구하면서, 확대된 관계 속에서 새로운 매개의 의미로 다름과 소통할 수 있는 복합적인 사고를 요구하고 있다. 그리고 이는 현대기술문명이 제공하고 있는 디지털과 그 맥을 함께 한다.

지난 시간 우리는 문화선진국들과의 교류 속에서 문화제국주의적인 교류방식들의 문제점을 인식하였다. 그리고 우리가 주도적으로 다른 문화권과의 교류를 새롭게 만들어 가고 있는 지금, 이러한 관계 속에서 무엇을 중요하게 생각해야 하는지에 대한 사고의 방향을 제시해 주고 있다. 최근 한국의 대중문화콘텐츠가 전 세계를 대상으로 상업적 성공의 가능성을 제시하면서, 21세기 한국문화콘텐츠산업이 나아갈 방향을 보여주고 있는 듯하다. 하지만 우리가 지난 시간 살아 온 시간들의 의미를 되새기면서, 이를 타문화와의 교류 속에서 상호 발전해 나갈 수 있는 가능성을 찾는 노력 속에서 진정한 문화와 문화교류의 의미를 찾고자 한다면, 현재의 대중문화콘텐츠만으로 한국문화의 핵심적인 가치를 모두 설명하는 것은 분명한 한계를 가진다고 할 것이다. '우리는 한국문화로 무엇을 이야기하고자 하는가?', 이를 위해 문화교류의 진정성을 찾는 일련의 과정들을 통하여 현재 한국 문화의 의미를 새롭게 정위하면서, 타문화권과의 '소통의 가능성'을 찾는 구체적인 방안으로 디지털, 미디어, 콘텐츠의 의미를 우리의 일상문화와 접목시켜 나가야 할 것이다.

이 책은 한국문화의 가치를 설명하는 '한국문화의 글로컬화'를 디지털과 문화융합의 개념과 접목시키면서, 시대가 요구하는 진정한 문화와 문화교류의 의미와 가치를 되짚어 보고자 한다. 일방적인 보편성만을 강조하는 글로벌라이제이션의 문제점을 지적하면서, 우리가 현재 가지고 있는 디지털, 미디어, 콘텐츠의 개념들을 문화, 미디어, 상상력의 관계로 새롭게 현재화시키려는 노력이 필요한 시점이다. 이를 위해 한국문화가 가지고 있는 문화적 요인들을 보다 세밀하게 분석하고, 타문화권과의 교류 속에서 상호간 발전적인 소통의 가능성을 모색하는 것, 그 속에 시대가 필요로 하는 진정한 디지털과 문화융합의 의미가 담겨있다고 할 것이다.

CONTENTS

I

디지털, 글로컬 그리고 문화융합

우리는 참으로 스마트한 세상을 경험하고 있다. 컴퓨터 앞에 앉으면 지구촌 곳곳에서 벌어지는 모든 일들이 쏟아져 나온다. 우리가 상상하는 모든 것들이 무한대로 가시화되어 눈앞에 펼쳐진다. 그리고 그러한 아이디어들이 전 세계의 누군가에 의해 실시간으로 소비된다. 20세기 후반 이후 본격화되기 시작한 기술문명의 변화가 이렇게 일상생활의 변화를 가져왔고, 디지털은 이제 단순히 기술적 개념만으로는 설명할 수 없는 이 시대의 문화적 가치를 대변하고 있다.

디지털의 개념이 우리의 일상에 침투해 일종의 '문화'와 '가치'로 자리 잡으면서 우리의 생활양식은 물론이고 사고패턴, 가치관 등의 변화도 요구하고 있다. 이렇듯 디지털은 0과 1의 조합으로 일상의 정보를 저장하고 전송하는 도구의 의미를 넘어서서 문화적 가치를 지닌 미디어로서 일상과 관계를 맺으며 존재하기 시작했다. 탈시간화 · 탈공간화된 디지털과 미디어의 개념은 전 세계 개별 문화권의 소통방식을 하나의 단일한 권역으로 묶어낸다.

하지만 우리의 일상과 전통의 가치는 디지털의 새로운 표현양식 앞에 많은 문화적 혼란과 충돌을 야기하기도 한다. 디지털의 새로운 규칙들에 반응하지 못하면 살아남지 못하는 시대가 된 것이다. 이러한 시대 상황에서 한국문화를 글로벌화하는 과정에 드러난 문제점들이 무엇이고, 이를 극복하기 위한 방안이 무엇인지를 고민해보려고 한다. 관계와 소통의 시대다. 특수성과 보편성이 융합되어야 하는 시대다. 문화융합의 관점에서 한국문화를 다시 정의하지 않으면 안 되는 시점이 되었다. 한국과 세계, 즉 로컬과 글로벌을 동시에 아울러야 하는 시대적 과제를 우리는 떠안고 있는 셈이다.

이러한 우리의 과제는 기본적으로 문화제국주의적 관점, 즉 일방향적으로 타문화를 재단하는 현재의 글로벌라이제이션을 극복하고 문화들 간의 관계를 새롭게 모색해야 한다는 의미를 담고 있다. 글로벌라이제이션의 획일화된 기준 속에서 진행되었던 일방적인 문화전파는 분석이나 이해의 대상이 된 문화를 지배와 피지배의 잣대로 구분하고, 문화의 서열화를 확산시키는 구시대적 태도에서 벗어나지 못하고 있다. 그리고 '한류확산'의 원대한 포부를 품은 우리 정부는 이러한 글로벌라이제이션을 추종하면서 한국문화의 해외 확산을 꿈꾼다. 타문화와 '문화적 교류'를 시도하기보다는 문화선진국들의 폐해를 그대로 답습하고 있는 셈이다.

문화연구와 연계한 글로벌라이제이션에 대한 비판적 성찰은 21세기에 들어서 우리가 문화로 일상을 설명하고자 하는 단계에 들어서자 문제의식을 해결해 나가기 위한 근본적인 사고의 전환을 요구하고 있다. 우리가 일상 속에서 받아들인 디지털, 미디어, 콘텐츠의 개념은 글로벌라이제이션의 한계인 문화의 획일화, 동질화, 자국문화중심주의 등의 문제점을 극복할 수 있을 때 의미를 가진다고 할 수 있다. 이는 일상 속 수많은 관계들의 의미를 문화, 미디어, 상상력의 관계로 현재화시키면서 문화융합적 사고와 연결시켜나가야 함을 의미한다.

문화융합적 사고는 현대의 과학기술문명에 대한 비판이자 동시에 논리나 기술·과학만으로는 설명할 수 없는 인간의 고유 영역, 즉 인간 정신의 복원을 의미한다. 이를 위해 평생을 바쳐온 철학자가 상상력의 대가 바슐라르$_{G. Bachelard}$이다. 전통적으로 서양 철학에서는 인간의 상상력을 '인식을 방해하여 오류를 낳게 하는 요인이자 인간의 객관적 인식을 가로막는 주범'으로 분류하였다. 바슐라르는 이런 전통을 거부하고 상상력과 이미지 개념을 부활시켰다. 바슐라르가 말하고 있는 상상력은 4원소론에 기초를 두고 있다. 이처럼 바슐라르는 가장 근본적으로 자연과 인간의 관계를 고찰하는 자연적 상상력의 의미를 강조하면서도 인간이 태어나면서 가지게 되는 문화적인 배경, 즉 문화콤플렉스를 상상력 발현의 배경으로 설명했다. 그에 따르면 모든 인간은 자신이 태어난 문화의 의미 속에서 살아가는 존재다. 뒤랑이 바슐라르를 이어 상상력을 인류학적 상상력으로 확대시킨 이유도 여기에 있다. 문화융합적 사고를 가능하게 하기 위해서도 확대된 상상력 개념이 필요할 것이다.

그런가 하면 타문화 속에서 살아가는 사람들의 무의식, 즉 문화코드를 읽어내는 작업 또한 절실히 요구된다. 이를 위해 우리는 플루서$_{V. Flusser}$를 눈여겨보아야 한다. 그는 관계와 소통을 위한 의미생성의 과정을 추상과 코드의 개념으로 설명하고 있으며, 꿰기의 개념은 이러한 추상과 코드들의 연결을 통하여 인류가 어떻게 시대별 기술문명 속에서 그 의미를 생성시켜왔는지를 설명한다.

추상화된 코드는 의미를 가진 개체들의 만남$_{node}$과 연결의 과정을 통하여 새로운 의미$_{message}$를 생성한다. 바꾸어 말하면, 관계되는 개체들이 의미의 연결을 통하여 개체 간 의미를 공유할 수 있는 새로운 의미를 생성한다는 것이고, 또 다른 관계와의 연결을 통해 그 의미를 확장할 수 있게 된다는 것이다. 이러한 일련의 과정을 통하여 의미의 자의성과 관계의 보편성 문제를 야기하면서 관계 속에서 합의를 통한 소통을 연결하여왔으며, 이는 현재 기술문명 속 디지털의 개념과 맥을 함께 한다.

일레인 볼드윈E. Baldwin이 정확히 언급하고 있듯, 문화코드는 개별 문화권이 가지는 생활양식을 추상화한다는 차원에서 분절적 개체의 의미단위로 이해할 수 있을 것이며, 문화혼용과 융합의 문제는 이러한 의미들을 연결하여 새로운 의미를 창조하는 꿰기의 차원으로 이해할 수 있다. 하지만 한 문화권의 모든 생활양식을 하나의 문화코드로 이해한다는 것은 생각만큼 쉽지 않으며, 문화융합의 과정을 통하여 상호 소통할 수 있는 새로운 의미를 생성하고 공유해 나가기 위해서는 개별문화권이 가지는 문화를 최소의 의미단위로 보다 세밀하게 분절시켜나가야 함을 말하고 있다.

이처럼 디지털의 의미를 '해체와 융합을 통한 새로운 가치창출의 가능성'으로 받아들인다면, 일상의 관계들을 의미단위로 새롭게 묶어나가는 문화융합culture convergence의 개념은 보다 실천적인 의미를 가진다. 우리는 디지털의 개념을 수용하면서 기존가치와 현재가치의 만남을 한곳에 담아내기 위한 가시화된 틀을 만들기 위한 노력을 해 왔다. 또한 기술력을 중심으로 미디어의 개념을 정리하면서 새로운 미디어기기에 기존의 문화적 가치들을 담아내는 미디어융합을 문화융합의 개념과 등치시키고 있다. 헨리 젠킨스H. Jenkins가 융합문화convergence culture 관점에서 지적하고 있는 트랜스 미디어의 개념은 디지털을 중심으로 한 뉴미디어 현상을 문화적으로 이해해야 한다는 맥락에서 미디어화된 이미지들이 상호 소통할 수 있는 가능성을 이야기하고 있다. 하지만 이는 통시적 관점에서 문화변용, 문화복합의 개념을 벗어나지 못하고 있다.

문화 간 소통을 위한 문화융합은 개별문화권의 문화적 요소들을 해체·분절하고, 새로운 의미와 가치를 만들어 내기 위한 실천적 행위의 문제를 포함하고 있다. 현재의 디지털 기술문명 속에서 문화를 표상하고 인간의 행위를 매개하는 미디어와 콘텐츠는 서로 다른 문화권의 문화적 가치를 문화융합의 관점에서 담아내고 이를 실천적 행위로 이끌어 내는 과정 속에서 의미를 찾을 수 있을 것이다.

찰리 기어C. Gere가 설명하고 있는 디지털의 개념은 우리가 '미디어-인간'관계 속에서 '미디어-기술'의 관계를 보다 일상적으로 받아들일 수 있도록 방향을 제시해 주고 있다. 시대적인 문제의식의 발현으로 기술문명을 받아들이는 것은, 우리가 일상에서 가지는 문제점을 어떻게 해결해 나가야 할 것인가에 대한 흐름을 이해하도록 하고 있으며, 이러한 맥락에서 디지털은 일방적인 관계와 소통의 글로벌라이제이션 환경 속에서 구현해내지 못했던 개별주체들의 적극적인 '자기표현'의 의미를 중요하게 하고 있다. 이는 우리가 문화와 정체성, 이를 매개하는 미디어의 의미를 시대적 상황에 맞게 새롭게 범주화 시키면서, 인류가 보편적으로 구현해 온 문화의 가치와 연결시켜 나가는 구체적인 방향을 모색하게 만든다.

이러한 복합적인 상황들을 수용하는 문화융합적 사고는 문화의 원형성, 재현과 재연, 이미지와 표상의 관계들을 새롭게 구분하고, 우리가 삶의 양식을 이어오면서 얻은 문화적 가치를 시대적 요구에 맞게 의미를 현재화시키면서 이를 다시 현재 상황에서 실천적 의지와 연결하여 또 다른 관계와의 소통을 폭 넓게 구체화 할 수 있도록 한다. 한국문화의 글로컬화는 이러한 문화융합적 사고를 바탕으로 개별문화권이 가지는 문화적 가치를 보편성과 다양성의 차원에서 검토하면서 다루어 질 수 있을 것이다. 한국문화의 글로컬화를 위한 문화융합적 사고는 문화의 실재, 표현양식으로서의 디지털과 미디어의 의미, 그리고 이러한 문화적 가치와 표상을 인류사적 보편가치로 연결해 나가고자 하는 상상력 구현의 맥락에서 복합적으로 다루어야 할 것이며, 그 구체적 의미는 '미디어-콘텐츠'의 관계 속에서 확인할 수 있을 것이다.

현재 '한국문화-콘텐츠'는 미디어적 상황을 고려한 미디어융합의 시도를 활발히 진행하고 있으나 탈시간과 탈공간의 범주 속에서 다양한 문화적 가치들의 혼재와 충돌이 반복되는 상황을 벗어나지 못하고 있으며, 문화권 내부의 관계와 소통마저도 원활히 이루지 못하는 모순을 만들어내고 있다. 또한 동시대 기술문명기반을 일상에 적용하고자 하는 우리의 노력은 아직도 디지털을 기술적인 맥락에서 기계적 소통의 수준으로 바라보는 단계를 벗어나지 못하고 있는 듯하다.

트랜스 미디어 등 미디어 간 소통의 가능성이 다양하게 이루어지고 있는 시점에 과연 "'미디어-인간'관계는 무엇을 매개하고 있는가?", "'인간-인간'의 관계에 미디어는 어떻게 작용하고 있는가?" 등의 문제제기는 현재에 이루어지고 있는 다양한 미디어융합의 문제점을 지적하고, 이를 극복해 나가기 위한 방향을 제시해 준다고 할 수 있다. 이러한 맥락에서 문화와 미디어의 관계와 소통의 의미를 원론적으로 살펴보고, 그 의미를 현재화 할 수 있는 방안, 그리고 한국문화와 타문화와의 교류를 통하여 어떻게 새로운 의미를 만들어 낼 수 있을 것인가에 대해서 살펴보아야 한다.

한국문화의 글로컬화를 위한 미디어콘텐츠는 단순히 타자의 관점에서 한국문화를 바라보고, 그들이 원하는 문화상품을 만들어내는 생산과 소비의 범주를 넘어선다. 이는 우리가 문화로 일상을 설명하고자 하는 의미를 되새기게 하며, 물화物化된 가치를 넘어서는 상위개념의 가치지향으로 인식의 전환을 요구하고 있다. 그리고 이를 활성화시키는 단계에서 구체적인 방법론들이 세밀하게 다루어질 수 있을 것이다.

문화융합은 기존의 가치와 현재의 가치를 함께 담아낼 수 있는 기술적 차원의 문제를 넘어서서 인류가 보편적으로 연결시켜온 문화의 핵심가치를 어떻게 연결시켜나갈 수 있을 것인가의 차원에서 다루어져야 한다. 이 책에서는 21세기 문화의 의미를 '관계와 소통을 위한 인간관계의 지향'에 두고 유사 이래 다루어진 문화와 미디어의 의미를 고찰하고, 이들이 관계와 소통을 위하여 어떻게 작용하였는지에 관하여 살펴볼 것이며, 이를 위한 실천적 행위의 개념으로 '미디어-콘텐츠'의 관계를 고찰하면서, 문화융합의 관점에서 한국문화의 글로컬화를 위한 미디어콘텐츠의 역할에 대해 정리해 보고자 한다.

한국문화의 글로컬화를 위한 미디어콘텐츠의 문제를 1) 한국문화의 문화적 가치를 가지고 우리의 일상을 설명할 수 있는 도구의 의미로 받아들이면서 2) 문화융합을 위한 실천적의지의 표상으로 우리사회의 문제의식을 해결할 수 있는 구체적인 방법론의 차원에서 다루어보도록 하겠다. 통섭通攝, 컨버전스convergence, 퓨전fusion 등 다양한 융합의 개념을 국가 간 문화교류에서 상호 주체들의 당위와 필요성을 충족시켜 나가기 위한 문화융합의 과정으로 인식하면서, 보다 실질적인 '문화−문화'권의 문화교류 활성화 방안을 모색해 보고자 한다.

또한 문화융합을 위한 원론적인 문화, 미디어, 상상력의 관계 의미를 현재의 디지털, 미디어, 콘텐츠의 관계 속에서 찾아보고, 학제 간 관점의 융합을 통하여 새로운 '문화콘텐츠적 관점'을 제시해 보고자 한다. 현재 시점에서 문화를 설명하는 글로컬라이제이션, 미디어, 디지털의 시대사적 의미를 고찰하기 위하여 미디어철학, 커뮤니케이션, 뉴미디어기술의 학제적 관점을 중심으로 살펴보고, 이를 통하여 문화융합을 위한 미디어콘텐츠의 역할에 관하여 정리해 보도록 하겠다. 문화 간 관계와 소통을 위한 문화융합의 개념을 '한국문화 글로컬화'의 가능성으로 이해하고, 이를 구현해 나가기 위한 미디어콘텐츠의 기능과 역할, 그리고 이를 위한 구체적인 방법론을 제시해 보도록 하겠다.

Ⅱ

디지털 시대와 문화 융합

문화는 우리가 살고 있는 일상 속 모습이다. 문화는 일상의 수많은 관계 속에서 의미를 찾고, 그 가치를 내재화한다. 그리고 문화는 관계와 소통을 표상한다. 문화는 이러한 관계의 드러냄과 매개의 과정에서 미디어와 의미를 공유한다. 미디어는 다름과의 연결, 즉 매개의 개념을 통하여 문화의 범주를 넓힌다. 미디어는 문화의 본원적인 특징인 관계와 소통의 속성을 구현할 수 있는 실천적인 의미를 가지고 있으며, 문화의 내재적 가치를 드러냄으로서 다름과의 관계 속에서 문화의 내적성장과 발전을 지향한다. 즉, 미디어는 유·무형의 문화적 가치를 현실로 구현해 내면서, 문화 간 교류의 순환구조를 만들어 나가는 가운데 그 의미를 가진다고 할 수 있다. 이러한 맥락에서, 일상의 수많은 미디어들이 우리에게 어떤 의미로 존재하는가에 대하여 깊이 있게 성찰해 볼 필요가 있다. 일상 속에서 생활양식과 문화적 정체성을 공유하는 집단 간의 소통구조, 그리고 이러한 관계와 소통이 어떻게 일상의 미디어를 통하여 구현되고 있는지에 대한 성찰은 곧 개별 문화권의 정체성 문제와 연결된다. 이는 또 다른 문화권과의 관계와 소통 속에서 한국문화의 현재 모습으로 나타나게 된다.

미디어가 매개하는 문화교류는 상호 문화가 가지는 가치를 교환하는 과정으로 이해할 수 있다. 문화의 내재적인 가치와 의미를 전달하지 못하는 미디어는 개별 문화 속에 존재하는 가치와 충돌할 것이고, 근본적인 문화교류의 의미를 상실하게 된다. 문화 간 상호신뢰를 바탕으로 진정성을 가진 가치교환을 통하여 문화교류는 적극적인 자기화를 추구하게 된다. 미디어는 이런 상호

담보된 가치들의 매개체로서 중요한 역할을 가진다. 문화를 표상하는 실재로서, 관계를 소통하는 매개체로서, 미디어는 우리의 일상을 설명하는 절대적인 역할을 수행하고 있다. 따라서 미디어에 대한 고찰은 문화를 전체적으로 이해하는 맥락에서 다루어져야 한다.

이번 장에서는 문화의 보편성과 다양성을 설명하는 시대적인 가치로서 글로컬라이제이션을 인식하고, 관계와 소통을 위한 문화와 미디어의 속성을 살피면서, 디지털로 대변되는 현재의 기술문명 기반위에서 이를 어떻게 구상화 시켜 나갈 것인가의 문제를 문화융합의 관점에서 살펴볼 것이다. 역사적으로 인류가 어떻게 생활양식을 연결시켜왔는지에 대하여 미디어철학의 관점을 중심으로 살펴보면서, 20세기 이후 꾸준히 지적되어 왔던 문화의 획일화, 동질화의 문제를 극복하고, 문화권별 의미요소를 새로운 의미단위로 융합시킬 수 있는 방법론으로서 문화절체_{cultural digits}의 개념을 도출하여 보도록 하겠다. 디지털의 개념을 '해체와 융합을 통한 새로운 의미창출의 가능성'으로 이해하고, 미디어가 매개하는 개별문화권의 문화적 가치를 어떻게 융합하여 나갈 수 있을지에 대한 방향을 제시해 보도록 하겠다. 이와 함께 문화융합을 위한 의미단위의 분절적 요인들을 인문학적 체험의 개념과 연계하여 상호 문화의 이해를 높일 수 있는 방안으로 미디어체험의 개념을 제시하면서 실질적인 문화융합의 가능성을 검토해 보도록 하겠다.

1. 글로컬라이제이션과 문화융합

문화와 미디어는 관계와 소통을 위한 표상과 매개의 개념 속에서 본원적인 의미를 가진다. 하지만 20세기 이후 문화의 일방향적 가치만을 지향하는 글로벌라이제이션은 문화제국주의의 관점에서 벗어나지 못하고 있으며, 더 이상 문화교류의 진정한 가치를 설명할 수 없게 되었다. 우리는 20세기 '대중문화-대중미디어'의 관계를 통하여 양적인 정보전달이 일방적으로 이루어졌을 때 발생할 수 있는 문제점을 일상에서 경험하였다. 이러한 문제의식은 현대기술문명을 통해 얻게 된 탈시간·탈공간의 개념이 구시대적인 관계와 소통을 위한 장치로 작용되어질 때 발생할 수 있는 문제점을 인식하고, 다시 한 번 원론적인 문화, 미디어, 상상력의 관계 고찰을 통하여 시대가 요구하는 새로운 문화융합적 사고가 무엇인가를 생각하게 한다.

시대반성의 의미를 지닌 문화융합적 사고는 현재 시점에서 관계와 소통을 위한 문화의 가치를 실현하기 위하여 '로컬-글로벌'의 가치를 보편과 개별의 관점에서 다시 한 번 검토하게 하고 있다. 또한 이러한 시대가치를 구현하기 위하여, 시대기술문명을 기반으로 우리의 일상을 디지털, 미디어, 콘텐츠의 의미로 새롭게 범주화시키고 있다. 이러한 맥락에서 '대중문화-대중미디어'의 관계와 함께해 온 글로벌라이제이션은 새로운 시대정신을 담아낼 수 있는 개념으로의 변화가 불가피해 보인다.

1) 문화와 문화교류

　현재의 문화와 미디어를 설명할 수 있는 시대적인 가치는 글로컬라이제이션이다. 21세기 문화의 의미를 '보편-개별'의 관계 속에서 설명하고 있는 글로컬라이제이션은 개별문화권들이 문화교류의 과정 속에서 '로컬문화'의 의미를 적극적으로 이해해야 한다는 점을 강조하면서 상호문화의 이해를 통하여 소통의 가치를 생성해 낼 수 있는 관계지향적인 문화교류의 이상형을 제시하고 있으며, 이는 문화의 원론적인 속성에 좀 더 충실하려는 노력으로 이해할 수 있다.

　글로컬라이제이션은 개별 문화권이 가지는 문화적 요인들이 상호 교류하는 가운데 새로운 의미를 생성하고, 이를 통하여 적극적인 소통을 이루어 낼 수 있는 문화융합의 관점과 연계되었을 때, 원론적인 문화와 문화교류의 가치와 의미를 회복할 수 있다. 이는 문화융합의 기본공식, 즉 'A+B=C'의 개념을 통하여 문화 간 관계와 소통의 의미를 구체화시키는 미디어와 콘텐츠의 관계 속에서도 그 맥을 함께 한다.

　아래의 표에서 보여주고 있는 '보편-개별', '문화정체성', '문화융합과 혼종'의 개념은 '문화융합을 위한 상호문화의 이해'와 맥을 함께 한다. 글로컬라이제이션의 개념은 20세기 후반 이후 본격적으로 대두되기 시작한 미국중심의 글로벌라이제이션의 현실적인 문제의식을 극복할 수 있는 개념적인 틀을 제시해 주고 있다.

글로벌라이제이션과 글로컬라이제이션의 개념 비교

	글로벌라이제이션	글로컬라이제이션
국제와 세계	국제화 추진주의	국제화인 동시에 지역화 추진주의
보편-개별	주로 보편성을 추구	보편-개별 관계성을 추구
국제화 수용	국제화 상황의 대대적 수용	국제화 상황을 선별적 수용
이념	무한경쟁적인 신자유주의	자유를 추구하나 제한도 설정
자본요소	금전적 자본 위주 경향	금전 외 자연·문화적 자본도 중시
문화정체성	순수·자국문화 강조(본질주의)	문화의 대화·변화 강조 (구성주의)
문화융합과 혼종	강대국(자국) 중심의 변형은 가능	궁극적으로는 제3의 문화 창출
활성화의 결과	빈부 양극, 지역문화 쇠퇴	균등 발전, 지역문화 중요성 환기
문화적 성향	문화식민주의화·통일적 성향	지역문화의 변형과 보존 개념
문화교류	신자유주의 경제 논리에 근거	균형적 교류에 의한 지역 활성화
정치-경제 이념	우파(때로는 극우적)	중도 우파·좌파적 성향
공시·통시성	공시성	공시성과 통시성의 결합
문화의 다양성	다양화 아래 실질적으로는 획일화	실질적으로 다양화 추구 가능
국가중심성	중심국가 헤게모니 중심주의	지역국가 안배주의
복지·사회 안전망	쇠퇴에 의한 통합·흡수는 필연	복지주의, 사회적 안전망 확충
세계통합	국가 힘의 논리에 의한 세계통합	범세계주의(세계시민주의)적 통합
현실/이상주의	지나친 현실주의적 양상	현실주의와 이상주의의 결합 양상

글로벌라이제이션의 한계를 넘어서기 위한 글로컬라이제이션의 가치지향은 교류하는 문화권들의 적극적인 대화를 유도하고 있으며, 이를 통하여 개별 문화권이 가지는 문화적 요인들의 의미를 분절시키고, 이를 상호간 관계와 소통을 위한 새로운 의미 생성으로 이끌 수 있는 문화융합을 지향점으로 제시하고 있다. 이는 글로벌라이제이션을 통하여 우리가 일상적으로 규범화

하기 시작한 본질주의, 패권주의 관점의 문화에 대한 인식의 전환을 요구하고 있으며, 새로운 가치지향으로서 문화융합의 의미를 찾으려는 노력으로 이어지고 있다고 볼 수 있다. 또한 이러한 문화융합을 위하여 교류하는 문화권은 개별문화를 구성하는 문화적 요인들을 원론적인 문화, 미디어, 상상력의 관계 속에서 새롭게 범주화시켜 나가야 한다.

이렇듯 글로컬라이제이션은 일상 속 다름의 혼재와 혼돈을 조화와 융합의 개념으로 설명하고 있다. 박치완은 기존 일방적인 문화의 동일화차원에서 논의되고 있는 글로벌라이제이션을 대신할 수 있는 개념으로 글로컬라이제이션을 설명하면서 상호 문화가 잘 혼용된 새로운 형태의 문화콘텐츠로 글로컬문화콘텐츠를 설명하고 있다. 이에 대한 대안으로 '가장 한국적인 문화'에 대한 합의와 우리의 문화콘텐츠상품을 소비하고 있는 또는 소비하게 될 국가들의 문화코드를 치밀하게 분석해야 한다고 주장한다. 즉, 글로컬라이제이션은 이러한 행위들을 지배하는 포괄적인 개념으로 작용할 것이라는 말이다. 문화혼용과 문화융합을 위한 외향적 표상 이전에, 자신의 문화에 대한 이해를 높이고, 이를 구체적인 의미단위로 설명해 낼 수 있도록 하는 내재적 가치를 지향한다고 할 수 있다.

우리는 문화로 일상을 설명하려는 시대에 살고 있다. 문화에 대한 다양한 정의들이 오히려 문화의 범주를 넓힌 다기 보다는, 문화로 우리의 일상을 설명하려고 하는 다양한 노력으로 보는 것이 옳을 것이며, 이는 그동안 우리가 만들어온 사회 제도와 관습,

그리고 일상의 행위 속 관계를 보다 인간중심적인 시각에서 설명하고자 하는 노력으로 이해할 수 있다. 20세기 후반 이후 문화의 산업적인 가치가 본격적으로 논의되기 시작하면서 대중문화론과 엔터테인먼트 산업론이 한국문화의 전반적인 가치를 지배하고 있는 듯이 보인다. 이는 우리가 가진 문화적 전통과 가치를 현재의 문화적 요인들과 연결하면서 전체적으로 일상을 설명하려는 문화의 본원적인 가치와 충돌을 일으키고 있다. 대외적인 한국문화의 가치를 논하기 전에, 문화를 통하여 내부적인 정체성을 찾고자하는 노력조차 힘들게 만들고 있으며, 이는 계층 간 심각한 분열을 초래하기도 한다.

이러한 시점에 문화에 대한 가장 근본적인 질문을 하지 않을 수 없다. "문화란 무엇인가?" 수세기 동안 많은 연구자들에 의해 논의되어온 문화는 한마디로 정의하기 힘든 단어이다. 문화철학, 문화인류학, 문화사회학 등과 같이 고전적인 학문의 분류에 문화라는 단어를 조합한 형태로 존재하기도 하는 문화의 개념은 그 자체로 학문적인 의미를 부여하기 힘든 부분도 분명히 존재한다. 하지만 이와 같은 분류에서 알 수 있는 한 가지 공통점은 문화의 개념이 기존의 분류체계를 바라보는 방식으로 존재한다는 것이다. 이는 비단 학문의 영역에만 한정되기 보다는 정치, 경제, 교육, 직업 등 우리의 일상생활과 관련된 일반적인 상황에서도 적용할 수 있다.

문화는 기존의 사회적, 제도적 분류체계를 바라보는 시선의 개념으로, 때로는 이러한 분류체계속의 또 다른 분류양식으로 구분되어질 수 있다. 한편, 문화의 어원적 개념에서도 그 의미를 고찰해 볼 수 있다. 독일어에서 문화를 지칭하는 Kultur의 어원적 의미는 "자연의 상태를 인간의 의지로 그 쓰임을 확대해 나간다."로 해석할 수 있다. 이는 현재 우리의 일상 속에 주어진 환경에 대한 인간의 반응, 인간의지의 표현, 인간의 행위와 실천의 개념으로 확장해서 해석해 볼 수 있다. 인류는 태초부터 지구상에 존재하면서 각 개인에게 주어진 자연과 환경에 대한 적응방식을 체계화하며 나름의 분류체계와 사유방식을 가지게 되었고, 이러한 자연과 인간의 관계 속에서 문화라는 공통된 생활양식을 공유하게 되었다. 이와 같은 맥락에서 문화는 그 어원에서부터 관계의 의미를 가지고, 또한 주어진 상황에 대처하는 행위를 표현하는 생활양식의 의미를 가지고 있다. 조나단 프리드만J. Friedman이 설명하고 있는 인류학 관점의 문화에 대한 논의와 구분은 보다 보편적인 의미의 문화와 정체성을 말하고 있다.

문화정체성의 변이들

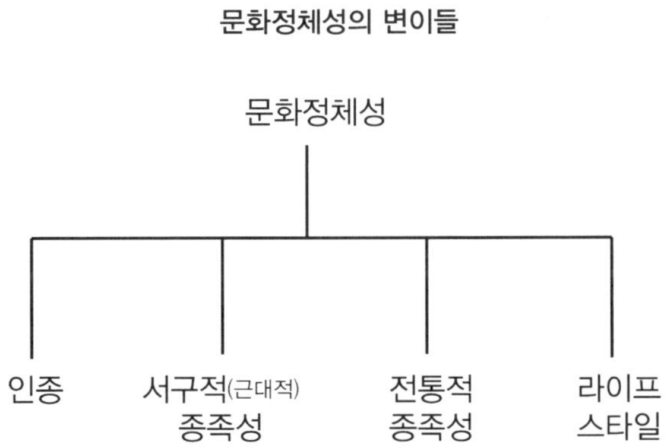

프리드만은 발생론적_{생물학적} 의미의 정체성과 개인들이 학습하고 개인의 행동수준에서 구별되는 유산이나 문화적출계의 표현으로서의 정체성을 구분하고 있다. 그는 "문화정체성은 그 개념을 개인들이 지니고 있으며, 사회정체성의 기반이 되는 무엇이다."라고 정의하면서 오히려 사회제도 속에 개인정체성의 모든 내용들이 포함되어지지 못한다고 지적한다. 개인은 생물학적 개념의 분류를 통하여 1차적으로 선험적인 정체성을 부여받고 있지만, 개인적인 학습화의 배경과 사회제도를 경험하는 차이, 즉 문화적 정체성이 현대사회에서 정체성을 구분하는 중요한 기준이 되고 있으며, 이는 많은 디아스포라의 예들이 설명하고 있다. 즉 현대사회에서 라이프사이클을 공유한다는 측면의 문화정체성 구분이 우리의 일상을 설명하는 개념으로는 더 유용하게 보인다. 하지만 우리가 디아스포라의 경우에서 또한 경험하고 있는 것처럼, 발생론적 입장의 인종이나 종족성 또한 개인의 정체성을 결정하는 중요한 요인으로 작용하고 있는 것은 분명한 사실이다.

이와 함께, 프리드만이 설명하고 있는 문화변용, 문화복합의 개념들은, 이러한 개별문화와 정체성이 어떻게 시간 속에서 발전하고 있는지를 소통의 관점에서 설명하고 있다. 인류는 위에서 설명한 자생적인 문화와 정체성을 가지고 지구상에 존재해 왔다. 그리고 이는 역사 속에서 문명이라는 큰 흐름을 가지고 그 맥을 연결시켜 왔다. 장 클로드 바츠는 "문화란 문명이 자신을 비추어 보여주는 것이다."라고 설명한다. 문화는 문명의 수동적인 반영에 그치지 않고 문명의 역동적인 요소로 작용하고, 문명은 공동체의 사회적 실천의 총합이며, 인간이 공동체 내에서 서로 맺고 있는 관계 유형, 그리고 그들이 자연 및 문화유산지식, 작품과 맺고 있는 관계 유형을 아우르는 통합적인 개념으로 설명되어진다. 아래의 프리드만이 인용하고 있는 미켈의 글은 인류가 역사 속에서 만들어온 개별문화권의 관계와 소통의 당위와 필요성에 대하여 설명하고 있다.

중국은 기술과 장인의 집단이다. 인도는 이론적인 과학의 땅이며…이란에는 윤리학과 정치학이 배정된다. 마지막으로 전쟁은 투르크인들에게 배정된다. 그렇다면 아랍은? 그들은 시詩라는 진정한 선물을 받았다고 주장한다. 이는 누구도 부정하지 않으며, 홀로 예언과 진정한 종교를 선물로 받았던 셈족이 이미 보여주었다. 아랍이 가진 시적 재능은 바로 진정한 종교이다. 이를 통해 그들은 자신들의 우월성을 인식한다.

위에서 보여주고 있는 국가별, 문화권별 특징은 우리가 흔히 일상에서 경험하는 '나와 너'의 관계로 축약해서 생각해 볼 수 있다. 개인은 자신이 가지고 있는 특징적인 면들을 발전적으로 승화시키면서 독창적인 개별정체성을 발전시켜 나간다. 각각의 문화와 문화권은 이렇듯 개별정체성이 집단을 이루고, 그 집단의 사회적인 합의를 통하여 공통의 생활양식으로 공유하면서 발전한다. 엘리엇T. S. Eliot은 문화를 규정하는 세 가지 요소인 개인, 그룹, 전체사회의 구성요소를 우리가 어떻게 받아들이고 있는가에 따라 문화적 성격이 드러난다고 보고 있으며, 이들이 상호작용하는 각각의 의존적 관계를 설명하고 있다. 하지만 이를 인류사의 전체적인 맥락에서 바라보면, 개별문화권의 독특한 문화적 발현의 문제로 끝나지 않는다. 서로가 가진 개별 문화권의 장점을 극대화시키면서도 자신의 부족함을 충족시키기 위하여 문화의 변용과 복합을 통하여 끊임없는 관계와 소통을 이루어 왔음을 역사 속에서 확인해 볼 수 있다.

장 클로드 바츠가 문화와 문명의 구분에서 설명하고 있는 것처럼, 문화는 적극적으로 현재의 자신을 표현하면서 또한 자신의 부족한 부분을 끊임없이 받아들이려는 본질적인 속성을 가지고 있다. 우리는 전쟁이라는 인류사의 극단적인 행위를 통하여 얼마나 많은 문화 간 대화와 소통이 절실히 요구되었는지를 역설적으로 경험하고 있다. 이러한 과정을 통하여 개별문화는 현재 시점의 발전적 모습을 드러내며, 한편으로 또 다른 관계와 소통을 통해서 끊임없이 새로움과의 만남을 시도한다. 그리고 이를 다시 현재 시점에서 표상한다.

위에서 설명한 것처럼 문화는 거대담론으로서, 인류사 전체적인 맥락에서만 설명되어지는 것은 아니다. 프리드만이 설명하고 있는 라이프사이클의 개념은 우리가 일상에서 경험하는 생활양식으로 번역할 수 있을 것이며, 문화권간의 관계와 소통의 문제는 다름의 존재와 관계, 그리고 소통의 문제로 치환하여 설명할 수 있다. 톰린슨_{J. Tomlinson}이 말하고 있는 것처럼, 문화권간의 상관관계는 복합연계성의 문제로 다루어야 하는 복잡하고 세밀한 부분이 분명히 존재하지만, 이처럼 인문주의적 관점에서 인간내적인 문제로 문화의 본질적인 속성을 설명하려는 노력 또한 중요하다고 할 수 있다. 이문화간 관계와 소통을 위한 기본적인 자세, 즉 진정성, 평등, 차이와 다름의 인정, 체험과 이해 등의 개념은 상호존중의 자세를 유지하면서 인격적인 만남을 만들어 나가야 하는 개인들의 관계와 소통과 그리 다르지 않다. 이러한 맥락에서 이문화간 관계와 소통은 대화라는 측면에서 다시 한 번 설명할 수 있다.

뚜웨이밍杜維明은 "대화의 목적은 설득이 아니라 이해이고, 이해의 전제는 자기반성이다."라는 점을 강조하고 있다. 문화중국의 정신적 가치를 발생론적 정체성이라고 주장하는 중국계 미국학자가 제안하는 '문명들의 대화'의 조건은, 그 자체가 전술한 문화의 의미를 말하고 있는 듯하다. 우리가 문화를 구분의 개념으로 이문화간 경계를 구획하고, 그 차별적인 특성만을 강조하는 것은 일률적인 세계화주장만큼이나 위험할 수 있다. 문화는 자생적인 특징을 갖추고서야 독창적인 모습을 드러낼 수 있다는 측면에서, 필경 생명을 가진 자연의 모습과 다르지 않다. 그리고 생명력을 가진 문화가 존재한다는 것은 그 자체로 존중과 경외의 대상이다. 이러한 경외심과 존경의 자세를 가지고 문화는 서로간의 다름을 인정하고 받아들임으로서 새로운 변화와 발전을 추구한다.

뚜웨이밍이 말하고 있는 문화 정체성의 중요성은, 배타적인 측면에서 문화중국의 중요성만을 내세우기 보다는, 문화중국의 정체성을 가진 집단이 어떻게 다른 문화정체성과의 관계와 소통을 만들어 나가야 하는지에 대한 '문화중국관점'의 설명으로 받아들일 수 있을 것이며, 이는 다른 문화권의 시각에서 대화를 추구하려고 할 때 가져야 하는 기본적인 태도를 다루고 있다. 결국 문화와 정체성의 문제는 이러한 외부세계와의 관계와 소통을 통해서 내적성장을 기대할 수 있다는 측면에서, 우리가 일상에서 경험하고 있는 개인의 관계와 소통의 문제로, 그리고 이를 통한 자기성장의 문제로 다시 한 번 축약하여 생각해 볼 수 있다.

우리는 이미 일상 속에서 다름과의 동거양식을 학습을 통해 체득하고 있다. 그리고 우리는 '나와 다른 너'와 친구가 되는 방법을 일상 속에서 학습하고 있다. 학습을 통해서 경험하지 못한 다름에 대한 받아들임은 새롭게 고민하면서, 그 친교$_{closeness}$의 범주를 넓혀 나가고 있는 것이다. 이러한 받아들임의 범주 문제는 때로 사회적 인식의 전환이라는 사회체계차원의 동의를 요구하기도 하며, 또 다른 차원의 사회적 합의를 통하여 개인들은 계속해서 새로운 다름을 받아들이고 있다. 이는 프리드만이 설명하고 있는 사회적인 과정으로 해석할 수 있으며, 문화의 현재적 표상이다. 이러한 맥락에서 이문화간 관계와 소통의 문제와 해법은 인문주의적 전통에서 그 실마리를 찾을 수 있을 것이고, 서로 다른 정체성과의 매개를 어떻게 만들어 나갈 것인가의 과정 속에서 그 의미를 확대시켜 나갈 수 있다.

이처럼 문화는 관계와 소통을 지향하는 본래적인 속성을 가지고 있다. 이는 우리가 글로벌라이제이션의 시대를 거치면서 가지게 된 문화결정론의 문제점을 되짚어 보게 하고 있으며, 보다 많은 문화권과의 관계와 소통을 통하여 문화적 범주를 넓혀가야 한다는 시대적 소명, 즉 글로컬라이제이션의 의미를 되새기게 한다. 글로컬라이제이션과 문화융합은 현실의 문제를 극복하기 위한 새로운 개념을 제시하고 있기 보다는, '인간-인간', '문화-문화'의 보다 친밀한 관계와 소통의 의미로 문화를 설명하고 있다.

2) 문화적 경험들의 매개

자연과 인간의 관계에서부터 시작한 문화에 대한 논의는, 사회정체성과의 관계 속에서 개인의 정체성을 규명하고자 하는 논의로 발전하고 있다. 그리고 개인은 이러한 사회정체성과의 관계 속에서 끊임없이 자신의 정체성을 찾으려고 한다. 자신의 일상을 설명하고, 자신의 과거와 현재를 연결하고, 그리고 앞으로의 시간들을 준비해 나간다. 그렇다면 개인은 무엇을 통해 자신의 시간들을 연결시키고 있는 것일까?

문화는 지난 시간의 경험을 가지고 현재의 모습을 설명한다. 이러한 문화적 경험은 현재의 유사행동에 대한 해결 방향을 제시하고, 관계 속에서 나아갈 방향을 찾는다. 이는 프리드만이 말하고 있는 것처럼, 인종적, 사회적, 종족적인 정체성을 통하여 선험적·경험적으로 체득한 것이며, 일상생활 속에서 자신의 행동양식을 설명하고 있다. 타자는 이러한 개인의 삶의 양식을 보면서 상대방을 이해한다. 개별주체들의 삶의 양식을 연결하는 문화적 경험은 보편성과 더불어 독창성 또한 동시에 지니고 있는 것이다.

플루서는 자연과 인간의 관계와 소통을 매개하는 미디어의 본질과 역할을 '소이'의 개념으로 설명하고 있다. 이는 역사 속에서 한 문화권이 추구하는 개별문화의 가치를 어떻게 미디어를 통하여 연결시켜 왔는지를 의미한다. 미디어는 세상을 바라보는 관점의 문제로, 개별 문화권이 가지는 시대별 문화적 특수성을 표상함과 동시에, 미디어 속에 담겨진 문화적 가치를 통시적으로 연결하고 있다.

문화의 정체성은 이렇듯 변화된 공간과 시간 속에서 개별문화권이 가지는 핵심 가치의 연결을 통해 현재와 연계된다. 이는 시간의 흐름 속에서 그 의미를 더해가면서 점차 강한 힘을 가지게 된다. 이처럼 미디어는 문화적 가치를 전승해 나간다는 맥락과 함께, 각 시대의 특징적인 상황을 고려해야 하는 과제를 안고 있다. 여기서 재연再演과 재현再現, representation의 문제가 드러난다. 우리는 흔히 역사적 유물 등을 현재 시점에서 다시 보여주는 행위를 재연이라고 정의하고 있다. 역사적 유물이 원형을 보존한 형태가 없을 경우, 우리는 보통 그 자체를 '재연한다'는 표현을 쓰고 있다. 그러나 그 시대상을 보여주는 미디어의 개념으로 규정한다면, 그 시대성을 대표하는 '상징적 의미로서의 재현'이라고 지칭하는 것이 옳다고 할 것이다. 다만 때때로 그 안에 담겨져 있는 본원적 가치를 외면한 채, 지나친 형식에 치우쳐 당시에 존재했던 형식의 틀을 그대로 구현하고자 하는 것에 노력을 경주하는 경우를 일상에서 흔히 볼 수 있다. 이는 재현에 내재된 '다시 현재화 시킨다re-presentation'는 의미와 상충되는 부분이 있다.

이 책에서는 시대정신과 이를 반영하는 매개체로서 미디어를 규정하고 있다. 이는 시대별 미디어가 각각의 시대상과 시대정신을 표상하고 있다는 의미이다. 이러한 미디어를 고찰한다는 것은 그 표상적 모습을 통하여 각각의 시대정신과 현재를 연결하고자 함이다. 이와 같은 맥락에서 시대적 바탕이 다른 현재와 과거를 통시적으로 바라보면서 과거의 문화적 가치를 부활시키기 위한 시대정신의 부활이라는 관점에서는 '재현'의 개념이 옳은 것이다. 한편 이를 시각화시키기 위한 행위에 중심을 둔다면 이는 '재연'이 적절할 것이다.

재현과 재연의 문제는 현재 시점에서 문화의 가치와 시대별 미디어의 특징을 어떻게 연계시켜 나갈 것인가의 문제를 유발한다. 다양한 미디어가 발전한 현재 시점에 각 시대를 연결하는 시대정신을 내재하면서, 개별미디어의 특성에 맞게 그 의미를 구현해 나가야 한다는 점에서 우리가 무엇을 재현하고, 또는 재연할 것인가의 문제를 고찰해 보아야 할 것이다. 이는 또한 이문화권에서 다양한 미디어를 통해 접근하는 수용자 측면을 고려해야 함을 의미한다. 개별문화권의 미디어 속에 내재된 핵심가치를 잃지 않으면서, 이문화권의 개별주체들이 보다 유연하게 접근할 수 있도록 하기 위하여 문화의 핵심가치를 매개하는 미디어는 자신만의 방식으로 그 의미를 '해석할 수 있는 기능'을 가져야 한다.

이러한 미디어와 문화와의 관계는 대중문화에서도 쉽게 찾아볼 수 있다. 영화의 오마주_{hommage}, 음악의 리메이크 등은 작가의 생각을 시대적인 특징에 맞게 이어간다는 점에서 위에서 언급한 시대상에 맞춘 재해석, 즉 재현의 개념으로 설명할 수 있다. 문화는 현재의 모습을 반영하면서 재해석을 통하여 다른 시대와 연결을 시도한다. 이러한 시대 간 교감을 통하여 우리는 현재의 시간들 속에서 또 다른 의미를 가진 다른 시간들과의 연결을 이루게 되고, 다른 두 시대는 교감을 통하여 보다 폭넓은 하나의 시대를 만들어 나간다.

문화의 재해석과 변용은 단순히 동일문화권의 시간 범주만을 넘나들지는 않는다. 세계적인 스타들의 예를 들지 않더라도 우리는 그동안 각자의 입장에서 상대방의 문화를 수용하고 이를 자신의 취향에 맞게 받아들이면서 문화적 동질감을 획득해 왔다. 즉, 우리는 대중음악이라는 미디어를 통하여 서로 다른 문화권이 교류하는 모습들을 경험하고 있다. 물론 이는 비단 대중문화만의 문제는 아니다. 이렇게 문화는 개별주체들의 문화적 경험과 호감을 중심으로 그 범위를 확장해 나간다.

개별주체들의 문화적 경험은 시대별 미디어가 제공하는 매개_{mediation}에 의해 세상과 연결된다. 매개는 개별 정체성의 표상임과 동시에 정체성간 관계 확장의 의미를 가진다. 우리는 이러한 매개를 통하여 자신을 표현함과 동시에, 상대방을 이해하고 받아들이면서 또 다른 의미의 자신을 만들어 간다. 톰린슨은 '매개된 커뮤니케이션과 문화적 경험'의 관계고찰을 통하여 인본주의 관점에서 매개의 개념을 설명하고 있다. 그는 매개의 언어적 기능을 '상징체계의 소통'이라는 관점에서 바라보고 있으며, 이는 단순히 말과 글의 형태만으로는 서로의 소통체계를 이해하기 힘들기 때문에 상호간 문화적 이해를 강조하고 있다. 즉, 매개는 문화 간 소통의 관점에서 이해될 수 있을 것이며, 이는 또한 미디어기술의 호환성만으로 상호간 소통체계를 구현할 수 없다는 맥락에서 미디어기술 결정론적 시각과 구분된다.

톰린슨은 매개의 개념을 개별주체간 친교성_{closeness}의 관점에서 설명하고 있으며, 이러한 맥락에서 현대의 미디어환경을, 개별화된 문화적 경험들이 시공간의 범주를 넘나들며 친교성을 확대해 나갈 수 있도록 하는 토양으로 바라보고 있다. 그는 이러한 원론적인 매개의 개념을 설명하면서, 문화 간 소통을 위한 미디어기술은 이러한 인간 내면의 본원적인 소통의지를 발현하는 차원에서 다루어져야 할 것이며, 지나친 미디어의 개입으로 연결되어서는 안 될 것이라고 경계하고 있다. 빌 게이츠의 다소 온화한 기술 예찬론 시각을 인용하면서 현대 미디어와 인간의 관계 속에서 우리가 미디어를 어떻게 바라보아야 하는지에 대한 현실적인 관점을 보여주고 있다.

나는 다른 도시에 사는 여인과 데이트를 하곤 했다. 우리는 전자메일을 통해 많은 시간을 함께 보냈다. 그리고 우리는 함께 영화를 보러갈 수 있는 방법을 만들었다. 우리는 양 도시에서 동시에 상영하는 영화를 찾았다. 우리는 이동전화를 통해 잡담을 나누면서, 우리가 좋아하는 영화관으로 갔다. 우리는 영화를 보고, 집에 가는 길에 그 영화에 대해 이야기하기 위해 우리의 이동전화기를 사용했다. 미래에는 이러한 종류의 가상데이트가 더 향상될 것이다. 왜냐하면 영화감상이 화상회의와 결합될 것이기 때문이다.

톰린슨은 관계의 목적성에 대한 구분으로서, 일상생활 속에서 미디어기술이 작동하는 개념을 매개와 개입으로 구분하여 설명하고 있다. 면대면 소통의 가치를 최우선으로 두면서도, 현실적인 미디어 환경을 고려한 가상데이트의 상황설정은 우리가 미디어 환경과 상황을 어떻게 받아들여야 하는지에 관하여 설명하고 있다. 같은 가상현실의 문제인 폰섹스의 가치를 '사업목적 관계'로 구분하고, 인간의 본원적인 욕망을 상품화한다는 측면에서 그 목적자체가 위에서 제시한 가상데이트의 현실과는 목적 지향의 가치가 다름을 지적하고 있다. 이와 같은 현실의 상황들을 현재 미디어환경에서 문화적 경험을 나누는 친교 방식의 문제로 인식하고, 매개의 개념을 변화된 미디어환경에 맞는 친교성의 개념으로 재정의 하고 있는 것이다. 달라진 미디어환경에 적응하고자 하는 의지는 기술결정론의 입장과 크게 달라보이지는 않지만, '미디어-인간' 관계의 중심을 인간에 두고자 한다는 측면에서 근본적인 사고의 차이가 느껴진다.

우리는 SF영화에서 보았던 기술들이 불과 10~20년이 지난 후 현실에서 일상화되고 있는 것을 경험하고 있다. 21세기 기술문명은 인간의 상상력을 극대화시키면서 우리의 일상을 스마트한 세상으로 변모시키고 있지만, 인간은 기술문명과의 관계 속에서 오히려 20세기까지 많은 시간동안 고민했던 인간소외의 굴레를 벗어나지 못하고 있는 듯이 보인다. 하지만 보다 깊이 있는 현대 기술문명의 의미고찰은 여전히 문화와 미디어의 최우선 가치가 인간중심에 있다는 것을 다시 한 번 확인 할 수 있게 한다. 이

는 미디어와 인간의 관계와 소통의 의미를, 우리의 일상을 설명
하는 문화적 현상의 의미와 연결시키고 있다.

3) 미디어와 문화융합

미디어가 일상의 가치를 지배하는 시대이다. 19세기 말 이후,
근대와 탈근대의 가치가 충돌하면서 야기된 혼란은 문화의 관점
으로 시대상을 설명하려는 노력으로 이어졌다. 20세기동안 미디
어는 시대상을 표상하고 매개하는 역할과 함께, 인간의 의식을
동반한 메시지의 연속적인 '주고-받음'을 통하여 인간사유방식의
변화를 이끌고 있다. '문화-미디어'의 관계는 미디어를 통한 추
상의 의미로 함축적으로 논의되기 시작하였고, '미디어-인간'의
소통방식과 함께 시대별로 새롭게 등장하는 미디어기술은 때때로
미디어 중심적인 사고를 요구하는 듯이 보이기도 한다.

현재 우리의 일상을 지배하고 있는 뉴미디어는 이러한 미디
어의 특성을 표상하면서도 시대별 기술과의 결합, 그리고 사회
분류체계의 구분과도 밀접한 관계를 맺는다. 특히 디지털의 개
념이 본격화되기 시작한 20세기 후반 이후의 개별미디어의 상황
들은 기존의 가치와 새로운 가치의 혼란과 충돌을 유발하고 있으
며, 보다 혁신적인 사회의 변화를 이끌어내기도 한다. 이러한 문
제점들이 미디어를 통하여 표상된다는 점에서 현대의 문제점들은
'미디어와 미디어를 둘러싼 문화현상의 문제'로 인식되고 있으며,
20세기 후반 등장한 미디어콘텐츠의 개념은 미디어의 내용을 실

재화 한다는 측면에서 구체적인 문제의식을 동반하고 있다.

이러한 현대의 미디어와 미디어 현상을 둘러싼 문화현상의 해석은 단순히 문화의 하위개념으로 미디어를 규정하기 어렵게 만들고 있으며, 미디어를 중심으로 문화의 현상을 바라보고, 그 의미를 찾아보고자 하는 노력으로 이어지기도 한다. 이는 '올드미디어-뉴미디어'의 현상적인 관계 뿐 아니라, 인류가 어떻게 생활양식의 연결을 통하여 문화를 만들어왔는지에 관하여 깊이 있게 살펴보게 하고 있으며, 이는 문화를 보다 관계와 소통의 맥락에서 설명하려는 관점과 연결된다고 할 수 있다. 이러한 '문화-미디어'의 관계고찰은 일상의 현상과 실재를 어떻게 바라보아야 할지에 대한 관점제시와 함께, 지금 우리가 이러한 기술 문명의 환경 속에서 어떻게 시대정신이 반영된 생활양식을 만들어 가야 되는지에 대한 지향점을 보여주고 있다.

플루서는 인류가 미디어를 통하여 의미를 소통하면서 문화적 관계를 만들어 왔다고 설명한다. 인류의 역사는 자연과 인간의 대화의 과정 속에서 진행되어왔으며, 이를 매개하는 미디어를 중심으로 관계와 소통이 이루어졌다고 보고 있으며, 이러한 미디어의 발달사를 통하여 인류의 문화와 역사를 고찰하고 있다. 그가 제시하고 있는 추상게임의 개념은 시대별 의사소통방식을 3차원$_{면}$-2차원$_{선}$-1차원$_{점}$으로 구분하고 있으며, 점으로 이루어지는 의사소통의 세상, 즉 현재의 디지털 시대를 예언하고 있다.

그가 설명하고 있는 추상과 코드의 개념은 주체 간 의사소통을 위한 매개의 관점에서 다시 한 번 되짚어 볼 필요가 있다. 플루서가 말하고 있는 추상과 코드의 개념은 주체 간 의사소통구조의 과정을 '그림—문자—코드'로 이어지는 미디어적 특징으로 설명하면서, 시대별 미디어의 소유여부에 따른 권력화를 경계하고 있다. 인간에게 투사된 자연의 형상을 '어떻게 구현해낼 것인가?' 라는 내적상상력의 문제는, 미디어 속 관계와 소통의 실체이다. 이러한 실체가 시대문명을 대표하는 미디어와 결합할 수 있는가의 여부가 곧 미디어권력화를 결정한다는 것이다. 플루서가 주장하고 있는 것처럼, 인류의 역사는 미디어를 통한 기록의 역사이고, 이는 곧 암호화와 해독의 역사로 설명할 수 있다. 이는 역사시대 이후 문자의 시대에 접어들면서, 미디어의 독점에 따른 지배구조의 변화를 이끌고 있다. 미디어는 발권과 더불어 점점 더 극도의 추상화를 지향하고 있으며, 이에 따른 메시지의 암호화와 해독으로 그 의미를 파악할 수 있는 능력이 더욱 강조되고 있는 것이다.

플루서의 미디어인식은 미디어적 실존의 개념으로 현대의 미디어환경을 받아들이고, 이 안에서 인간의 내면가치를 표상해 나가기 위한 기술적 상상력을 구현해 나가야 한다고 주장하는 하르트만과 맥을 함께한다. 우리는 기술문명의 시대에 살고 있고, 이러한 기술문명의 환경 속에서 우리의 상상력을 구현할 수 있는 소통구조로서 기술문명을 이해해야 한다는 것이다. 이제 미디어환경은 우리가 거부할 수 없는 체화된 가치를 지니고 있으며, 이 속에서 인간 내면의 상상력을 구현할 수 있는 방안을 찾아야 한다는 것이다.

21세기 기술문명의 시대에 과연 관계와 소통을 위한 미디어의 의미는 어떻게 정의할 수 있을까? 플루서와 하르트만이 규정하고 있는 기술적 상상력 구현의 의미는, 미디어에 종속되는 인간행동양식의 제약으로 받아들이기 보다는, 현대 기술문명의 미디어적 특징을 시대적인 양식으로 받아들이고, 인간의 상상력과 관계를 매개해나가야 한다는 의미로 보다 폭 넓게 해석해 볼 수 있다. 인류는 주어진 환경 속에서 개별주체들의 상상력을 구현하고, 타자와 소통할 수 있는 방법을 끊임없이 강구해 왔다. 전술한 바와 같이 '자연-인간', '사회-인간', '미디어-인간'의 관계를 매개하는 기술적인 차이를 경험하기는 하였지만, 우리는 여전히 인간중심의 관계를 공통적으로 만들어가고 있다. 인간 자의식의 지나친 확대는 인류사에서 꾸준히 경계심을 가지고 성찰되어온 문제이다. 이러한 과정 속에서 인류는 자신의 위치를 찾고, 역할을 만들며 매개 대상과의 균형을 이루어 왔다고 할 수 있으며, 이는 과학기술문명의 시대에도 여전히 인문학적 성찰, 즉 인간내면의 탐구가 여전히 유효한 당위이자 현실적인 가치의 표상인 이유이다.

20세기 후반에 들어서면서, 미디어환경은 뉴미디어를 비롯한 기술문명의 비약적인 발전을 기반으로 그 개념의 다변화를 추구해오고 있다. 그리고 우리는 원론적인 매개의 의미를 구체화하기 위하여 콘텐츠의 개념을 새롭게 만들었다. 기존의 대중미디어와 새로운 뉴미디어가 혼재하는 상황 속에서, 콘텐츠의 개념은 이를 바라보는 시각에 따라 다양하게 해석할 수 있으나, 이 책에서는 '문화 간 관계와 소통을 위한 매개'의 개념으로 콘텐츠를 규정하고자 한다. 하지만 여전히 '미디어-콘텐츠'간의 관계와 매개의 개념은 명확히 구분하기 쉽지 않으며, 이는 또한 '미디어-인간' 간의 관계와 소통을 더욱 복잡하게 만들고 있는 것이 사실이다.

볼터·그루신J. D. Bolter · R. Grusin은 뉴미디어 기술을 통시적으로 이해하는 관점에서 재매개remediation의 개념을 설명하고 있다. 이들은 문화를 다루는 미디어의 매개성에 주목하면서 '문화-미디어'의 관계고찰을 통하여 우리일상에 투사된 문화의 실재와 이미지의 문제를 다루고 있다. 이들이 제안하고 있는 비매개와 하이퍼매개는 문화와 미디어의 관계에서 미디어가 얼마나 몰입적으로 현상을 구현하는가 하는 문제, 그리고 이를 수용하는 집단이 이를 얼마나 사실적으로 여과 없이 받아들이는가의 문제로 그 개념을 구분한다. 즉, 우리는 일상에서 TV나 인터넷 속에 구현되는 현상들이 얼마나 실재적인가의 관점에서 그 사실을 그대로 받아들이거나, 아니면 주관적인 해석을 담아내게 된다.

현대의 다양한 대중미디어들은 수용층이 몰입적으로 현상을 받아들일 수 있는 장치들을 계속해서 강구한다. 이러한 과정에서 수용집단이 미디어의 매개성을 의심하지 않고 받아들이는 상황이 만들어지는데, 이것이 비매개의 개념이다. 수용집단은 비매개를 통하여 받아들인 정보를 멀티미디어장치들을 통하여 다양한 방식으로 주관적인 의사표현을 하는 과정에서 비로소 미디어의 매개성을 인지하게 되는데, 이것이 하이퍼매개의 개념이다. 이는 시대별로 기술문명과 연계한 '미디어-인간'관계의 기본적인 소통구조를 설명하고 있다. 이와 함께 미디어가 이러한 소통구조 속에서 무엇을 매개하고 있는지에 대한 문제를 살펴보아야 한다.

헨리 젠킨스는 '미디어-인간'관계를 융합문화의 관점에서 고찰하고 있으며, 우리가 기술문명을 어떻게 받아들이고 행동해야 하는지에 대한 보다 적극적인 해석을 담고 있다. 그는 미디어 환경 속 융합의 개념을 '다양한 미디어 플랫폼에 걸친 콘텐츠의 흐름, 여러 미디어 산업 간의 협력, 그리고 자신이 원하는 엔터테인먼트를 경험하기 위해서 어디라도 기꺼이 찾아가고자 하는 미디어 수용자들의 이주성 행동'이라고 정의하면서 "융합은 누가, 그리고 어떠한 의도로 말을 하는가에 따라 기술적, 산업적, 문화적, 혹은 사회적 변화를 묘사하는 의미로 사용된다."고 규정하고 있다. 즉, 위에서 살펴본 플루서와 하르트만의 미디어실존 개념을 바탕으로 우리의 행동양식이 어떠해야 한다는 측면을 말하고 있다고 할 수 있다. 그가 제시하고 있는 문화융합에 대한 세 가지 관점_{미디어 컨버전스, 참여문화, 집단이성}은 시대별 기술문명을 바탕으로 한 미디어 환경 속에서 인류가 통시적으로 이어왔던 행동양식의 공통적 가치를 찾아내고, 이를 현재 시점에서 어떻게 구현해 나가야 할지에 대하여 서술하고 있다. 하지만 그가 제시하고 있는 융합문화의 관점은 현재와 같은 기술적 상황속에서 과연 미디어가 얼마만큼이나 충실히 문화 간 관계와 소통의 의미를 매개하고 있느냐의 문제에 대해서 보다 적극적인 해석을 필요로 한다고 할 수 있다.

우리가 '미디어-인간'관계를 고찰하는 의미를 인간중심적인 관계와 소통을 위한 소통구조의 파악에서 찾는다면, 인간의 생각, 말, 행위를 중심으로 관계와 소통의 기본질서를 만들고, 이를 어떻게 시대적인 상황에 맞게 구현해 나가야 할지를 고민해야 한다. 그가 말하고 있는 것처럼, 문화융합의 개념은 단순히 다양한 미디어의 기능들이 하나의 기기에 융합되는 기술적 과정으로 이해하기 보다는 개별주체들이 미디어를 통하여 만들어 가는 사회적인 상호작용을 전체적으로 이해하고, 이러한 미디어 속에 개별의미 단위로 전환한 정보의 조각들을 가지고, 개개인의 일상을 설명해 나가는 과정으로 이해하는 것이 옳은 것이다.

미디어는 문화의 내재적 가치를 표상하면서 시각적으로 문화 융합의 가능성을 보여주고 있다. 그렇기 때문에 보다 근본적인 매개의 기능에 충실해야 하는 과제 또한 안고 있다. 일상 속에서 우리가 흔히 경험하는 관계와 소통의 문제점은, 피상적으로 눈에 보이는 것만을 가지고 상대방을 이해하려고 하는 태도와 무관하지 않다. 이는 '보이는 주체'와 '보여지는 주체' 모두가 고민해야 할 문제이다. 문화융합이 상호간의 이해를 기초로 한다는 점, 그리고 미디어는 개별주체들의 차별화 된 문화적 가치를 드러낸다는 점은 상호간 이해를 높여가기 위하여 미디어가 개별문화권이 가지는 내면적인 가치와의 일치를 통해 그 모습을 드러내야 함과 동시에, 서로의 미디어 속에 담긴 문화적 가치와 의미를 적극적으로 해석하려는 노력이 필요하다는 것을 보여주고 있다.

이와 같이 미디어 기술문명을 바탕으로 현재의 미디어 상황을 받아들인다고 한다면, 우리는 계속해서 인간내면세계의 가치를 극대화하는 문화적 가치를 표상해 나가야하는 과제를 안게 된다. 문화와 정체성, 관계와 소통의 의미를 인류사적인 관점에서 보편적인 가치를 중심으로 바라보고, 시대적인 가치를 현재의 기술문명 속에서 어떻게 구상화할 수 있을 것인가의 고민을 미디어의 개념과 연계시키면서, 현재의 문화를 표상해 나갈 수 있어야 한다. 우리는 21세기 현대기술문명이 제공하는 미디어의 기본토양을 받아들이고, 문화의 본원적인 특성인 받아들임과 표상의 관계를 어떻게 만들어 나가야 할지를 함께 고민해야 한다. 이를 위해 포괄적으로 미디어의 개념을 이해한다는 것은, 본원적인 매개의 의미와 함께, 디지털의 개념을 포함한 현재의 문화적 요인들을 보다 적극적으로 살펴보아야 한다는 의미를 담고 있으며, 이는 개별 문화권이 가지는 문화적 요인들을 최소 단위로 그 의미를 해체하고 분절하는 과정을 거쳐야 함을 의미한다.

2. 디지털과 문화절체

1) 디지털과 미디어기술

현대기술문명을 설명하는 핵심 개념은 디지털이다. 디지털의 개념 속에 '서로 다른 의미의 조합과 융합을 통한 새로운 의미의 창출'이라는 소통의 공식이 담겨져 있다. 네그로폰테$_{N.\ Negroponte}$는 디지털의 핵심개념인 비트$_{bit}$를 "정보의 디엔에이$_{DNA}$를 구성하는 가장 작은 원자적 요소이다."라고 정의하면서 "디지털화는 비트의 발생원들을 완전히 새롭게 조립함으로써 새로운 내용의 창작물이 만들어질 수 있는 가능성을 창조하는 것이다."라고 설명하고 있다. TV를 비롯한 대중미디어들의 디지털화가 진행되고 있었던 1990년대 각국의 상황을 예로 들면서, 디지털의 개념은 단순히 새로운 기술의 차원을 넘어서는 문화소통구조의 변화를 의미한다는 점을 강조하고 있다. 이는 '미디어-인간'관계가 현대의 의사소통방식에 맞게 변화하고 있다는 것으로 이해할 수 있다.

20세기 후반이후 TV, 라디오 등 대중미디어는 일방향적 소통을 위한 광역송출$_{broadcasting}$의 개념에서 송신자와 수신자간 의미전달의 폭을 줄이는 협역송출$_{narrowcasting}$의 개념으로 발전하였고, 이제 송신자와 수신자의 구분이 없어지면서 관계 간 송수신이 쌍방향성으로 이루어지는 팟캐스팅$_{podcasting}$의 개념으로 발전하고 있다. 이러한 팟캐스팅의 개념은 관계 간 소통 자체를 의미단위의 콘텐츠로 인식하게 하고 있다. 1980년대 앨런 케이$_{A.\ Kay}$가 설명하였던 사용자 인터페이스 디자인의 개념은 현재의 논의들, 즉, 증강현실, SNS, 클라우드 컴퓨팅 등을 쌍방향성의 맥락에서 이해할 수 있도록 한다.

사용자 인터페이스 디자인의 개념

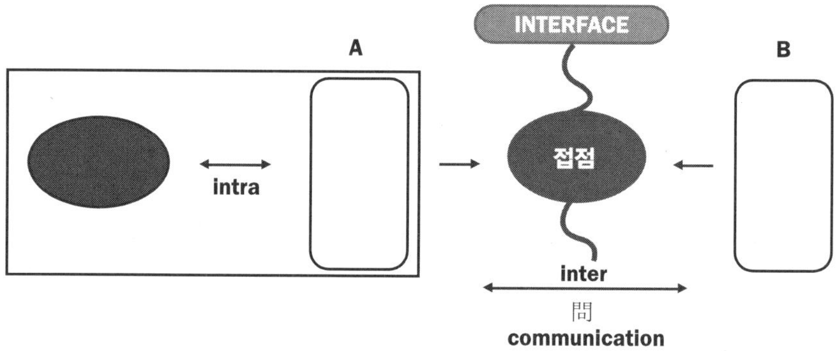

위의 도식에서 인터페이스는 관계하는 A, B의 접점으로 이해할 수 있다. 그리고 A와 B는 개별적인 내부intra의 교감을 추상화하여 서로 소통한다. 이처럼 우리가 컴퓨터를 사용하는 모습을 일상적으로 설명할 수 있다. 이러한 '미디어-인간'의 의사소통방식을 통하여 '문화-문화'간의 소통을 다시 한 번 살펴 볼 수 있다. 위의 그림에서 A는 B와 소통하기 위하여 "A의 내적요인들을 추상화하고 있다."고 이해한다면, '문화-문화'간의 소통은 개별문화내부의 문화적 요인들을 문화 간 소통을 위해 추상화해야 한다는 것이다. 이는 단순히 현대 미디어기기들의 매개를 통하여 기계적 소통이 가능하다는 것만을 보여주고 있기 보다는, 현대기술문명은 문화 간 소통이 가능한 문명기반을 제공하고 있으며, 적극적인 문화 간 소통을 위해서 각각의 문화적 요인들을 함축적이고 구체적으로 추상화해 나가야 한다는 것으로 이해하는 것이 옳을 것이다.

브랜드 로럴B. Laurel이 설명하고 있는 인터페이스와 테크놀로지에 관한 설명은 우리가 일상에서 미디어기술의 의미를 보다 친숙하게 받아들일 수 있도록 한다. 그녀는 "컴퓨터를 도구로 보지 말고 매체로 생각하라."는 전제를 던지고, 현재에 다루어지고 있는 미디어기술의 현상을 일상생활과 연계하여 설명하고 있다. 컴퓨터의 본질, 네트워크간의 인과관계, 인터페이스의 은유와 구성요소들의 메타포, 문화적 배경의 표출 등의 개념을 한편의 드라마 연출과 연계하여 설명하면서, 일상적으로 현재의 기술과 문화를 이해하려 하고 있다. 이러한 그녀의 관점은 '미디어-인간'관계의 진정한 가치를 어디에 두어야 할 것인가의 우문愚問에 대하여 왜 미디어기술이 존재하는가의 맥락에서 현답賢答을 제시한다고 볼 수 있다. 즉, 인간은 자신의 내적 가치구현을 위하여 끊임없이 새로움을 추구해왔고, 미디어기술의 의미는 이러한 인간의 가치를 구현하는 방법론으로 존재해 왔음을 다시 한 번 생각하게 한다. 이러한 맥락에서 아래의 표에서 보여주고 있는 IFinteractive fantasy 시스템과 극작가의 기능에 관한 비교는 우리가 일상 속에서 미디어기술들을 활용해 나가기 위한 사고의 전환을 보여주고 있다. 아래의 표는 로렐이 제안하는 IF시스템으로, 극작劇作의 행위에서 반복적으로 계속되는 행위에 대한 추상의 의미를 설명하고 있다.

우리는 일상에서 경험한 반복적인 기억들을 표상의 수면 아래로 내려 보내고, 그 의미를 표상하는 추상화된 이미지만을 구현한다. 그리고 우리는 또 다른 창조적인 상상력을 구현해 나간다는 것이다. 이는 태초 컴퓨터의 모습과 원리에 가깝다고 할 수 있다. 이러한 과정을 거치면서 표상의 수면 아래로 내려간 의미들은 표상의 쓰임에 맞게 재조합하여 새로운 의미를 만들어 낸다. 이는 현재 미디어기술의 흐름을 주도하는 클라우드 컴퓨팅의 개념과 맥을 함께한다.

IF시스템에 존재하는 극작가의 중추적 기능

시스템	기능
Model	진행되는 플롯을 모델링한다. WORLD MODEL과 가상 캐릭터에 존재하는 데이터를 가져온 뒤 극작가는 스토리를 분석하고 현재까지 플롯의 형식적 특징을 결정한다.
Specify	적절하다고 판단된 다음 단계 사건의 형식적 특징을 세부화 한다. 극작가는 여러 사건의 구성 요소를 만들고 향후 사건 구성의 평가 기준으로 활용한다.
Change	적절하다면 장면, 상화, 경과 등을 바꾼다.
Modify	가상 캐릭터의 목표, 우선순위, 정보에 접근하는 필터를 개조한다.
Access	가상 캐릭터로부터 다음 액션에 필요한 제안을 입수하는데 이때 제안 내용은 캐릭터의 특색, 목표와 계획과정에 대한 설명을 포괄한다.
Simulate	제시된 액션과 예상되는 플롯 상의 효과와 관련된 변경 사항을 시뮬레이션 한다.
Evaluate	제시된 액션과 형식적 세부사항의 시뮬레이션 결과에 근거한 사항을 평가한다.
Mandate	일반적인 프로세스로 제대로 된 사건이 생성되지 못할 경우 다음 사건을 명령한다.
Formulate	다음 사건을 위한 스크립트를 구성한다.

Direct	가상 캐릭터를 연출하고 ENACTOR 서브시스템을 작동시켜 스크립트를 생성한다.
Control	컨트롤은 문제 해결 전술을 위해 메타 데이터와 자체 지식을 차용한 자생적 오퍼레이션이다. CONTROL의 부대 기능에 의해 극작가는 자신의 결정 사항에 대한 설명과 합리화를 할 수 있다.
Remember	일어나 사항을 기억한다. 스크립트 로그(LOG)가 설명과 함께 생성된다.
Learn	경험에서 배운다. 극작가는 좋고 나쁜 선택을 판단하여 자신의 퍼포먼스를 향상시킬 수 있다.

우리는 현재를 기준으로 지난시간들의 기억들을 체화시키면서 무의식 속에 저장한다. 그리고 이후 발생하는 반복적인 행위에 무의식적으로 반응하게 된다. 의식은 자신의 필요를 상황에 맞게 재조합하게 되고, 이러한 기억들을 무의식의 창고에서 꺼내어 외부로 표상한다. 한 가지 짚고 넘어가야 하는 점은, 이러한 기계적인 기억과 반응은 앨런 케이가 설명하고 있는 것처럼 인간체내의 '의식-무의식'의 관계와 절대적으로 일치하지 않는다. 우리의 의식 속에는 이러한 미디어기술 속에 포함되어 있지 않은 자신의 기억들을 불러낼 수 있는 자동변환$_{modeless}$의 신호체계를 가지고 있다. 즉, '미디어-인간'관계의 소통을 원활히 하기 위해서는 인간의 강력한 통제가 필요하다는 것이고, 무의식의 반응양식, 즉 취향에 맞는 사이클과 기억체계를 나름대로 만들어 나가는 것이 중요하다. 그리고 이러한 약속들은 관계 속에서 의미를 공유하게 된다. 자신의 약속체계를 제안하고, 이를 상대방이 받아들이기도 한다. 그리고 나는 상대방의 규칙 속에서 내가 가지지 못한, 나의 불편함을 해소해 줄 수 있는 또 다른 축약을 받아들인다. 이것이

전술한 팟캐스팅의 소통 양식이며, 이러한 연속적인 행위들은 또 다른 함축을 통하여 반복적인 개념과 행위를 표상 아래로 내려보내고 추상화된 표상들로 일상을 만든다.

우리의 일상은 이러한 일련의 과정을 거치면서 기본적인 삶의 양식만을 문화로 표상하고, 표상을 구성하는 거대한 의미는 문명이라는 이름으로 창고에 저장하게 된다. 시대별 특징을 나타내는 문화는 단편적인 모습만으로는 공통적인 생활양식으로 이해하기 힘들지만, 시대적 배경을 이해하고, 각각의 문화가 시대적 배경 속에서 무엇을 표상하고 있는지에 대한 의미를 고찰하면서, 이를 각 문화권이 가지는 특징적인 의미와의 연결을 만들어 가는 과정에서 인류사의 보편적 생활양식으로 이해할 수 있게 된다. 결국 우리가 상호간 문화를 이해한다는 것은 이러한 개별문화가 표상하는 문화와 미디어의 의미를 해석하고 공유해야 한다는 것이다.

소비자 문화수요를 중심으로 한 기술재조합의 예

위의 그림에서처럼, 소비자는 자신들이 원하는 정보를 언제든지 자기중심의 인터페이스 환경을 통해서 제공받을 수 있다. 또한 자신이 상대방과 교감하고 싶은 정보를 이러한 기술적 환경을 통하여 제공할 수 있다. 이는 결국 '표현하고 싶은 자기'의 문제로 귀결될 수 있고, '왜 이러한 공간에 자신을 표현하고 싶어 하는가?'의 문제로 인식할 수 있다. 이러한 문제의식은 결국 '자기성장'의 개념을 도출할 수 있을 것이며, 이는 브로드캐스팅에서 팟캐스팅으로 쌍방향에 중심을 두고 소통양식이 전환하고 있는 것이, '자기설득'에서 '자기표현'으로 그 가치를 변화·발전시켜 나가고 있는 시대사적 의미를 담고 있다는 것을 알 수 있다.

직접적인 자기표현을 지향하는 쌍방향성의 개념을 통하여 알 수 있듯이, 자신에게 필요한 맞춤형 정보를 원하는 현대의 소비자들은 정확한 맞춤형 정보를 얻기 위해서 미디어 환경 속에 '자신을 정확하게 드러내야 한다.'는 전제가 들어있다. 국가 간 문화교류에서 우리가 원하는 사회적 필요를 정확하게 얻기 위해서는 우리자신을 정확하게 드러내야 하는 것과 맥을 함께한다. 또한 문화적 가치의 교환을 위하여 상대방이 무엇을 원하는지에 대한 수요도 정확히 파악할 필요가 있다. 이러한 교류의 행위는 상호가 만족할 수 있는 새로운 의미를 창출해 내고, 문화 간 교류자체를 하나의 콘텐츠로 융합하게 한다. 그리고 새로운 수요와의 새로운 만남을 유도한다.

찰리 기어C. Gere는 문화와 기술문명의 관계는 시대가 필요로 하는 가치를 반영하는 과정과 결과로 이해하는 것이 옳은 것이라고 설명하고 있다. 실리콘 밸리가 탄생하게 된 사회적인 배경을 예로 들면서, 실리콘 밸리를 단순히 새로운 과학타운 조성의 의미로 받아들이기 보다는, 기존시스템의 한계의식을 반영하는 새로운 해방구로서 그 의미를 설명한다. 이는 현재 우리가 필요로 하는 의미와 가치를 디지털digitality의 의미와 더불어 파악하면서, 시대가 보여주는 기술문명을 그 시대의 사회성과 함께 고찰해 나가야 한다는 것을 보여주고 있다.

일상 속에서 디지털의 개념은 기술문명이 보여주는 시대가치이다. 이는 단순히 일상의 정보를 저장하고 이를 전송하는 기계적인 의미를 넘어서 보다 근본적인 관계와 소통을 위한 의미구조를 파악해 나가는 것이 필요함을 의미한다. 실재하는 문화의 가치를 인식하고 이를 디지털의 방식으로 표현해 낸다는 것은, 디지털의 방식 이전에 표현해 내지 못하였던 일상을 파악하는 데에서 시작되어질 수 있을 것이다. 네그로폰테가 1990년대 디지털혁명의 시작과 함께 각국에서 보여주었던 사례를 통하여 보여주고 있는 것처럼, 디지털의 적응방식은 우리가 이러한 시대적 흐름을 어떻게 이해하고 받아들여야 하는지에 대한 방향을 모색하게 한다.

디지털은 문화의 내재적 가치를 살피기 위한 자기 성찰의 의미와 함께, 이를 외적가치와 연결시키기 위한 표현양식을 요구하고 있다. 이처럼 디지털의 개념을 수용하여 문화 내·외적 가치를 일치시키고자 하는 것은, 교류하는 주체들이 관계와 소통의 문화적 범주를 확대해 나간다는 의미와 함께 상호간 의사소통을 위한 의미공유의 가능성을 말하고 있다. 이러한 디지털의 인문학적 이해는 문화융합을 위한 구체적인 방법론을 제시하고 있으며, 우리의 일상을 디지털의 시선으로 보다 구체적으로 살펴볼 필요성을 가지게 한다.

2) 문화절체와 체험

이러한 디지털개념의 수용과 소통양식전환에 대한 이해는 교류하고자 하는 주체들 간의 소통방식을 만들어 나가는 과정에 무엇을 고려해야 할지를 생각하게 한다. 한국문화의 본질적 구성요인들을 소통의 매개로 이해하고, 이를 어떻게 관계와 소통을 위한 의미들로 다양하게 만들어 낼 수 있을지에 대한 '창조적인 상상력'이 필요한 시점이다. 특히 미디어를 활용한 글로컬라이제이션은 개별 문화권의 문화적 요인들을 분절적으로 의미화하면서, 해외현지에서 현지인들과 소통할 수 있는 새로운 언어적 기능을 가진 문화매개자의 역할을 만들어 나가야 한다. 그리고 미디어의 글로컬라이제이션은 한국문화의 기본적 가치를 전체적인 맥락에서 이어나가야 한다는 점에서 보다 깊이 있게 고려되어야 할 것이다.

젠코 굴란G. Gulan은 현재와 같은 디지털 혁명이 진행되고 있는 상황에서, 일상 속 문화적 표상들이 단순히 0과 1로 표현되어 졌을 때 문화의 내재적 가치가 상실될 수 있음을 지적하면서, 디지털로 표현되어지는 일상문화의 개별요소들에 대해 보다 적극적인 의미부여가 필요하다는 관점에서 문화절체cultural digits의 개념을 제시하고 있다. 이는 문화적 표상의 의미를 보다 적극적으로 담아낼 수 있는 디지털과 미디어의 개념을 강조하고 있다고 할 수 있으며, 또한 현대 기술문명 속 디지털의 개념을 단순히 일상의 정보를 저장하는 도구의 개념을 넘어 디지털이 가지는 시대적 가치와 배경을 보다 깊이 있게 검토해 보아야 함을 의미한다. 그는 디지털혁명을 해체주의적인 관점에서 바라보면서 그 시대사적 의미를 고찰하고 있다. 문화절체는 단순히 디지털 표현양식을 기계적으로 이해하는 차원을 넘어서서 문화를 구성하는 분절적 요인들의 의미를 보다 면밀히 살피고자 하는 노력으로 이해할 수 있다.

문화의 가치는 크게 내재적 가치와 외향적 가치로 구분할 때, 이는 받아들임과 표상의 문제로 다시 한 번 설명할 수 있다. 이러한 맥락에서 문화적 경험은 문화의 내재적 특징을 규정하는 1차적인 받아들임이라고 할 수 있다. 받아들임은 다름을 경험하고 이를 체화하는 과정을 거치면서 자기화 된다. 이러한 수용이 자기화의 과정을 거치고 이를 외부적으로 표상할 수 있을 때 비로소 외향적 가치로 인정받을 수 있는 것이다. 결국 문화는 전술한 바와 같이 관계와 소통을 통하여 새로움을 받아들이고 내재된 가치와의 연결을 통하여 새로운 나를 표상하는 순환의 사이클을 만들면서 발전해 나가고 있다.

문화를 정의하는 여러 가지 개념 중에서 무의식적 집단성collective unconsciousness은 문화 정체성의 개념과 함께 특정문화집단의 타문화 수용태도와 연계시켜 생각해 볼 수 있는 맥락이다. 무언가를 받아들일 수 있는 기본구조는 문화정체성의 개념으로 설명된다. 이러한 개념들을 일레인 볼드윈은 "인간의 사회화의 과정으로써, 우리가 보는 것은 우리가 아는 것에 의해 결정되어진다."고 설명하고 있다. 이처럼 인간은 자신이 가지고 있는 기본정보를 바탕으로 자신의 머릿속에 이미지를 구체화시키기 위한 작업, 즉 정체성 확립의 차원에서 끊임없이 자신이 원하는 정보를 받아들인다.

가다머의 취미와 부르디외의 아비투스habitus 개념은 문화의 선험적인 특성을 가지고 문화를 바라본다는 문화 사회학 관점에서 공통점을 가진다. 즉 문화가 사회적인 표상으로서 어떤 의미를 가지며, 문화적 특징으로 인해 사회가 어떻게 규정될 수 있느냐의 현상과 관계를 이해하기 위해서 우선 문화의 본원적 특징을 파악할 수 있어야 한다는 것을 설명하고 있다. 이러한 문화의 선험적 특성들을 이해하고, 개인의 정체성이 어떻게 사회화 되는지에 관한 논의의 과정을, 우리가 타문화를 받아들이는 습관적인 인식구조를 확인하고, 타문화와의 적극적인 소통을 위한 발전적인 과정으로 이해할 수 있을 것이다. 체험은 이러한 발전적인 과정을 연결시키고, 심화시켜나가는 매개요소라 할 수 있다.

딜타이W. Dilthey는 체험의 개념을 '삶의 연관을 통한 포괄적인 범주화'라고 말하고 있으며, "그 범주란 곧 부분에 대한 전체의 관계다."라고 규정하고 있다. 또한 이해는 "너 안에서 나를 재발견하는 것이다."라고 설명한다. 체험은 문화를 중심으로 교류하는 상호 주체들 간의 발전적인 이해의 과정이다. 체험은 문화 간 내재적 다름을 심도 깊게 이해하고자 하는 노력이며 또한 문화 간 동질성을 연결시켜 나가려는 실천적 의미로 해석할 수 있다. 즉 체험은 문화 간 이해와 소통을 위한 매개요소로 정리할 수 있을 것이며, 이는 곧 미디어의 개념과 연결된다. 체험은 개별주체들의 타문화와 교류하고자 하는 내재적 소통의지를 표면적으로 나타내고 이를 실천적인 행위와 연결시키는 과정이며, 이는 곧 문화교류의 내용이 된다. 미디어는 이러한 실천적 행위의 범위를 규정하고, 또 다른 맥락에서 이러한 행위, 즉 체험을 매개하는 요소로 작용한다.

한국문화의 정체성을 찾고 이를 콘텐츠화하여 한국을 알고 싶어 하는 이들이 한국을 알 수 있도록 하는 체험방식은 일견 당연한 논리인 듯하다. 하지만 문화의 관계와 소통을 위한 순환구조 속에서 체험은 단순히 타자를 알기위한 일방적인 학습의 논리만으로는 설명되어질 수 없다. '1+1=1'을 지향하는 문화융합의 논리 속에서 그 해법이 나올 수 있을 것이다. 체험은 나와 다름을 매개하면서 '나와 다름'의 하나 됨을 위한 공동화 과정으로 이해할 수 있으며, 이는 구체적인 문화융합의 과정이다. 결국 현재의 나는 다름과의 교류를 통하여 새롭게 변화되는 모습을 염두에 두어야 할 것이며, 변화의 과정 속에서 다름과의 공통점을 확대시켜나가면서 현재보다 성장한 새로운 나의 모습을 만들어낼 수 있어야 한다. 문화융합은 단순히 다름을 받아들이는 수준의 변모變貌만을 의미하지 않으며, 서로의 적극적인 상생을 위한 노력 속에서 그 필요를 공감할 수 있어야 한다. 이는 문화융합의 'A+B=C'의 공식으로 다시 한 번 설명할 수 있다.

개별문화권 A와 B는 각각의 생활양식을 가지고 있다. 그리고 개별 문화의 특징과 장·단점을 함께 포함하고 있다. 두 문화는 상호교류 속에서 서로가 가진 문화적 특징을 보완하면서 새로운 생활양식 C를 만들어 낸다. 이는 한 문화권 전체의 특징을 나타내기도 하지만, 때에 따라서는 부분적인 생활양식의 특징을 나타내기도 한다. 음식문화를 예로 들어보겠다. A문화권은 나름의 문화적 전통 속에서 현재의 음식문화를 가지고 있다. A문화의 핵심적인 가치를 지향하면서 현재와 같은 모습을 이어오고 있지만, 전체적인 맥락에서 음식문화가 가져야 하는 보편성을 드러내는 부분이 있고, 드러내지 못하는 부분이 있다. 이는 B문화도 마찬가지이다. 그리고 두 문화는 교류를 통하여 A문화와 B문화의 문화적 전통을 이어가면서도 서로 보완할 필요성을 가지는 현재적 의미의 새로운 C음식문화를 만들어낸다. 이는 바라보는 관점에 따라 A문화의 현재 음식문화의 모습일 수 있고, B문화의 현재 음식문화의 모습일 수 있다. 각 문화권마다 중요하다고 생각하는 문화적 가치는 문화진화론의 입장에서 지향될 수 있고, 또는 지양될 수 있다. 중요한 것은 새로 만들어진 C는 A와 B의 교류의 결과이고, 이에 대한 결과는 두 문화 간 공동의 가치를 가진다는 것이다. 이와 같은 문화융합의 개념은 부분과 전체를 포괄한다. 이러한 맥락에서 단순히 문화 소비자의 소비성향을 파악하는 수준의 문화코드분석은 한계를 가진다고 할 수 있다. 문화교류와 문화융합의 개념을 통하여 새롭게 의미를 생성하고, 이를 적극적으로 관계 간 소통에 활용할 수 있도록 하는 개별 문화권의 문화절체_{cultural digits}가 필요하다고 할 수 있다.

이러한 문화절체의 개념은 한 문화권의 생활양식을 담는 미디어콘텐츠에도 동일하게 적용될 수 있다. 예를 들어, 한국에서 방송되었던 한국의 전통가옥에 관련된 프로그램이 태국의 방송국을 통하여 방송되는 경우도 큰 범주의 문화융합이라고 할 수 있다. 태국의 방송국에서 방영될 수 있는 기술적인 변환과정을 거치면서 이미 한국에서 방송되었던 원본과는 다른 1차적인 기술적 문화변용_{더빙, 자막 外}을 거친다. 현재 콘텐츠진흥원을 중심으로 해외현지화를 위한 지원 사업의 범주에 속한다. 또한 문화혼합의 경우로 국가 간 방송국들이 공동으로 참여하는 공동제작이 있다. 서로의 제작스텝들이 공동으로 제작에 참여하는 경우도 있고, 공동의 관심사를 양국의 시점을 공동화하는 맥락에서 진행되는 경우도 있다. 위의 문화변용의 경우보다는 좀 더 융합의 개념에 가깝다고 할 수 있지만, 양국이 문화교류를 하는 근본적인 목적이 "문화융합을 통한 새로운 가치창출이다."라는 맥락에서 바라본다면, 이러한 목적가치를 담아내기에는 한계를 보인다.

프랑스의 TV5monde의 현지화노력은 문화융합의 관점에서 우리의 경우보다 개념이 앞선다고 할 수 있다. 자국문화중심의 문화권연대, 자국어보급을 위한 매체의 활용 등이 문화교류를 바라보는 목적가치에서 이 책에서 말하고 있는 문화융합의 완성형으로까지는 이해하기 힘들지만, 서로에게 필요한 부분을 충족시켜 나가기 위하여 다양한 미디어를 활용하고, 미디어를 경제적 가치를 위한 직접적인 방법론으로 인식하기보다는, 상호간 문화적 공감대를 증진시켜나가는 매개체로 인식하는 것은 평가할 만하다.

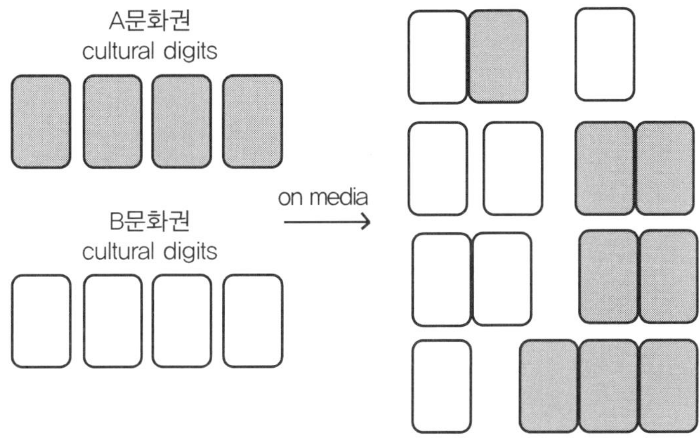

위의 그림은 개별 문화권의 가치를 표상하는 의미단위를 문화절체의 개념으로 분절하여 미디어 상에서 보여줄 수 있는 콘텐츠 제작의 기본 개념을 도식화 하였다. 현재 프로그램 제작 상에서 사용되고 있는 각종 자료 화면이나 이중 언어처리, 자막 및 기타 현지인들이 외국의 문화를 접할 수 있는 문화수용의 제작방식 또한 문화절체의 개념으로 폭넓게 이해할 수 있을 것이다. 하지만 지금까지의 문화절체가 소극적인 활용의 일면이었다고 한다면, 이제는 다양한 문화권에서 그 활용도를 높여나갈 수 있는 방안이 모색되어야 할 것이다.

문화절체의 개념을 활용한 한국문화의 글로컬화와 미디어콘텐츠는 문화융합을 적극적으로 실천해 나갈 수 있어야 한다. 개별 문화권의 문화절체는 문화교류를 통하여 상호 문화에 대한 이해를 높여나가고자 하는 목적가치를 담고 있어야 할 것이고, 이를 통하여 상호 문화가 가진 의미단위를 분절하고, 이를 다시 새로운 의미와 가치로 생성해 낼 수 있어야 할 것이다. 이러한 의미단위를 연결하여 새로운 의미를 만들어 내는 것, 그리고 이를 위해 개별 문화권의 문화적 정체성을 담은 요소들을 발굴해 내는 작업들이 미디어콘텐츠의 범주에서 다루어져야 한다.

현재 한국문화를 소재로 한 미디어콘텐츠는 공급과잉상태이다. 한국문화를 알리려는 노력들이 이러한 미디어콘텐츠의 과잉공급의 현상을 초래했다고 할 수 있다. 하지만 문화절체로서 활용가치는 상대적으로 떨어진다고 할 수 있다. 이 책에서 말하고 있는 문화절체의 개념은 새로운 개념의 미디어콘텐츠 제작을 말하고 있기 보다는, 기존의 한국문화를 소재로 한 미디어콘텐츠들을 의미를 가진 최소의 단위로 해체하고, 이를 수용자의 목적과 콘텐츠의 쓰임에 맞게 새롭게 융합적인 의미를 생성해 나가는 데 주안점을 두고 있다. 즉, 기존의 영상콘텐츠 디지털 아카이브의 개념이나, 스토리지 구축의 문제점은 이를 위하여 새로운 콘텐츠를 생산하고 소비하는 작업이 모두 이루어져야 하는 거대한 작업이었던 것에 비해, 문화절체는 기존의 영상콘텐츠 제작물을 염두에 두고, 이를 2차, 3차의 새로운 제작물의 형태로 그 활용도를 높여 갈 수 있는 방안으로 이해할 수 있다. 소비자의 만족도를 높이기 위한 1차 제작물의 완성도를 높이는 콘텐츠 제작과 함께, 이를 수용하는 수용자의 수요를 파악하는 것이 중요하다 할 것이다.

문화절체의 개념을 활용한 미디어콘텐츠의 기획방안은 새로운 시장과 수요를 창출하여 기존 미디어콘텐츠 생산자와의 새로운 '윈-윈' 전략을 구사해 볼 수 있을 것이며, 이와 함께 소비자의 기호에 맞는 상품을 기획할 수 있을 것이다. 그리고 소비자의 기호에 맞추어 한국문화를 직접적으로 체험할 수 있는 새로운 개념의 미디어체험콘텐츠를 개발함으로서 문화 간 소통을 위한 문화수요층의 재 묶음을 시도해 볼 수 있다는 점에서 긍정적이다. 따라서 문화절체는 '자기표현의 개별미디어'의 의미로 받아들여질 수 있고, 뉴미디어의 기술적 환경을 고려한다는 측면에서, 교류하는 주체들과의 원활한 소통을 위한 '미디어적 자기표현'의 의미로 받아들여질 수 있다.

3) 미디어체험

　미디어체험의 개념은 미디어에 대한 개념의 정의에 따라 그 의미가 달라질 수 있을 것이다. '문화적 표상=미디어'라는 관점에서 한 문화권 내의 모든 '보여 지는 것들'의 의미로 미디어를 규정한다면, 문화권 내의 모든 요소들을 경험하거나 체험하는 행위들을 미디어체험의 개념으로 받아들일 수 있다. 한편 미디어를 매개의 개념으로 이해한다면, 미디어를 통한 체험의 개념으로 구분할 수 있다. 특히 국가 간 문화교류에 집중한다면, 우리가 경험하고 있는 미디어를 통한 체험이 원격체험이라는 측면에서 일반적이다. 이 경우 볼터ㆍ그루신이 설명하고 있는 재매개의 관점에서 비매개와 하이퍼매개로 다시 개념을 분화할 수 있다.

　미디어의 존재여부를 인식하지 못한다는 비매개의 개념이 문화의 표상을 미디어와 직접적으로 연결하는 미디어체험의 개념과 유사할 수 있지만, 이는 본원적인 미디어의 의미와는 근본적인 차이를 가진다. 비매개는 수용자가 인식하지 못할 뿐, 체험하는 대상체와의 거리가 존재하며, 매개하는 미디어의 주관적인 특성에 따라 그 체험의 유형이 구분될 수 있다. 또한 한국문화체험을 타문화와의 교류를 통한 새로운 자기화의 과정으로 이해한다면, 단순히 TV, 인터넷 등 매체기반에 문화권내의 직ㆍ간접적인 체험을 모두 담아내는 것 또한 불가능하다. 미디어를 통한 체험만으로도 한계를 가진다. 따라서 미디어체험의 개념은 문화 간 교류의 실체로서 현대 미디어 상황 속에서 구현되는 다양한 소통의 방식으로 이해하는 것이 옳을 것이다.

타자의 문화수용을 또 다른 자기화를 위한 과정으로 인식하고, 교류하는 대상체간의 미디어 환경을 고려한 미디어체험의 개념을 가져야 할 것이다. 이는 각자의 미디어환경 속에서 실질적으로 작동할 수 있는 매개체로서의 의미 뿐 아니라, 미디어 속에 담긴 메시지와 의미를 충분히 교감할 수 있도록 공동의 가치를 담아내려는 노력이 병행되어야 함을 말한다.

미디어체험을 통한 타문화권의 이해

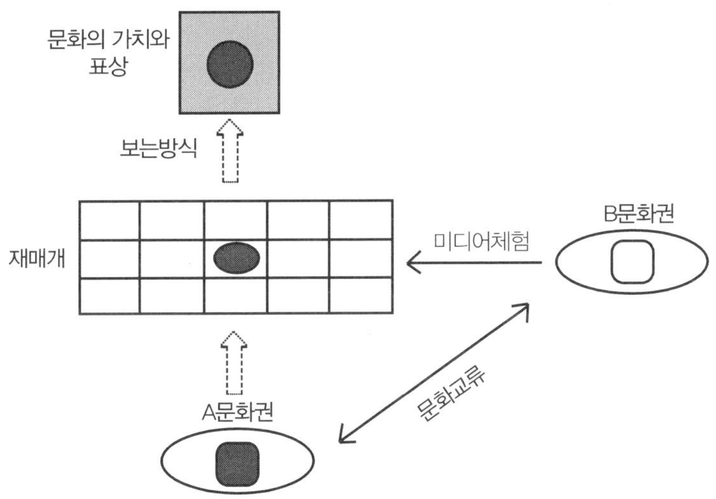

위의 그림에서 '문화의 표상과 가치'는 각 문화권이 현재 시점에 가지는 가치표상으로, 이는 다양한 미디어에 의해 재매개되고 있다. 우리가 일상에서 경험하고 있는 유형의 문화유산은 현재 시점에 유무형의 가치로서 '문화의 가치와 표상'의 맥락으로 받아들이는 것이 타당할 것이며, 이는 미디어의 개념으로 확대해서

설명할 수도 있다. 동일문화권$_A$의 개인들도 재매개되는 미디어체험을 통하여 개별문화권의 문화적 가치와 의미를 학습하고 있다. 동일문화권의 미디어체험은 언어, 관습과 같이 사회화 과정에서 학습되어진 동질감에 의해 재매개와 문화적 표상간의 거리를 줄이면서 문화체험을 할 수 있다. 각각의 문화권들이, '나름의 보는 방식'에 의해 문화체험 및 학습의 방식을 체득하고 있는 상태에서, B문화권의 개인들이 단순히 '미디어를 통한 미디어체험'을 통하여 A문화권의 본질과 가치를 경험하게 하는 것은 한계가 있다.

메를로 퐁티가 지적하고 있는 것처럼 우리는 목적 지향적으로 우리가 보고자 하는 것을 보려는 의지가 있다. 또한 앞에서 문화의 학습화과정을 통하여 살펴보았던 것처럼, 이는 문화를 받아들이는 기본적인 인식의 틀과 연계된다. 개별 문화권의 전통적인 학습화과정을 이해하기 위해서는 보다 다양한 방식의 미디어체험이 필요하다. 뉴미디어기술의 발전은 개인들의 문화적 선호에 따른 다양한 문화권의 학습과 경험을 가능하게 하고 있지만, 기계적인 소통의 연결만으로는 개별문화권을 전체적으로 이해하기 힘들다. 문화적 호감을 중심으로 개인의 취향에 맞게 다양한 미디어를 활성화시키고, 각 문화권의 본질적 가치를 향한 체험으로 그 호감을 연결시키는 과정에서 미디어체험의 개념이 확장될 수 있다. 이러한 과정에서 언어교육을 포함한 구체적인 문화교육의 방법론이 제기될 수 있다.

개인의 취향에 맞는 미디어체험의 방식을 다양화시키고, 이를 한국문화의 핵심적인 가치에 근접시키는 시각을 갖게 하여, 최대한 비슷한 위치에서 동일한 현상을 바라볼 수 있을 때 보다 근본적인 이문화간 체험이 이루어질 수 있다. 이러한 과정을 통하여 문화교류주체 A와 B의 문화적 거리는 줄어들 것이며, 이는 상호 간 이해를 높여 간다는 것을 의미한다. 이와 같은 문화적 흡인력과 포용력은, 미디어와 미디어콘텐츠의 역할에 달려있다 할 것이다.

‘문화—미디어’의 관계가 소통을 위한 ‘자기의지’의 표현이라면, ‘미디어—콘텐츠’의 관계는 자기표상을 위한 구체적인 방법론의 문제를 제기한다. 이는 문화, 미디어, 상상력의 관계고찰에서부터 그 해답의 실마리를 찾아나가야 할 것이다. 전술하였던 ‘문화—미디어’ 관계 속의 문화융합과 문화절체의 개념은, 자기발현을 위한 기초적인 과정으로 인식할 수 있을 것이며, 이는 결국 창조적인 상상력 구현의 문제로 귀결될 수 있다. 즉 ‘미디어—콘텐츠’의 관계고찰은 이러한 일련의 시대적인 배경 속에서 어떻게 일상적인 모습을 구현할 것인가의 맥락에서 다루어 졌을 때 그 의미를 찾을 수 있다. 문화융합관점의 창조적인 상상력 구현의 문제는 개별문화가 가지는 내재적 가치를 극대화시키는 자기발현의 문제와 함께, 이를 관계와 소통을 위한 새로운 의미의 조합으로 어떻게 연결시켜 나갈 수 있을지에 대한 해답을 요구하고 있다.

증강현실의 개념은 뉴미디어기술 속에서 콘텐츠가 구현할 수 있는 상상력 구현의 가치로 일상화되어있다. 이러한 증강현실의 개념은 미디어기술 차원을 넘어서서 우리가 일상에서 눈에 보이지 않는 실재, 즉 상상의 것들을 가시화한다는 맥락에서 분명히 매력적이다. 현재 논의되고 있는 증강현실의 개념은 새로운 미디어기술을 향유하는 차원을 넘어서고 있지는 않은 것 같지만 분명 개념적인 측면의 활용은 가능하다. 현재의 미디어기술은 한국문화가 가질 수 있는 기술문명기반이고 다양한 문화콘텐츠분야에서 그 활용도를 높여가고 있는 것도 사실이며, 한국문화를 매개하는 한국문화콘텐츠의 경쟁력 있는 활용요소임에 틀림없다. 특히 디지털의 해체와 융합의 개념을 통하여 국가 간 문화교류의 의미구현, 즉, 한국문화의 글로컬화를 위한 미디어와 미디어콘텐츠의 구체적인 기능과 역할을 모색하게 된다. 우리가 생각하는 모든 것들을 구현해 줄 수 있는 '꿈의 기술'은 항상 우리 생각의 뒤를 받쳐주고 있다. 그리고 우리의 미디어기술은 분명 지금의 생각들을 구현해 줄 것이라는 믿음을 갖게 한다. '미디어-인간'의 관계와 소통은 '문화-문화'의 관계와 소통을 보다 원활히 해주고 있다. 그리고 이를 위한 보다 진전된 상상을 요구하고 있다.

1) 문화융합과 글로컬 미디어콘텐츠

헨리 젠킨스는 리사 기텔만의 미디어 정의를 활용하여 미디어 융합을 문화융합의 개념과 등치시켜 설명하고 있다. 즉 '미디어는 문화적 체계이다.'라는 관점에서, 미디어기술을 둘러싼 개별 미디어들의 작용과 이를 통한 소통의 방식, 그리고 이러한 사회적 관계들 속에서 고찰되는 인간 행동양식의 공통점을 정리하고 있으며, 이를 통하여 앞으로 진행되게 될 미디어의 발전양식 속에서 인간 생활양식의 변화를 예측하고 있다. 이는 미디어기술과 미디어를 둘러싼 현상들을 인간의 행위를 지배하는 것으로 이해하기 보다는, 미디어를 둘러싼 현상들을 보다 인간행위에 중심을 둔 보편성으로 이해하고, 올드미디어와 뉴미디어 등 현재 미디어

기술들의 복합을 역사 속에서 우리가 항시적으로 고민해 왔던 범주로 접근하고 있다는 점, 그리고 우리가 이러한 문제의식을 어떻게 받아들이고 반응해 나가야 할지에 대한 제언을 하고 있다는 측면에서 긍정적이라 할 수 있다. 하지만 미디어환경을 염두에 둔 인간행위의 반응양식은 '미디어-인간'의 관계를 현상적으로 파악할 수밖에 없는 구조적인 한계를 드러내기도 한다. 이는 플루서가 현상적인 측면에서 미디어를 바라보고, 이러한 틀 속에서 인간의 행동양식이 어떻게 반응하고 있는지를 정리하는 수준으로 '미디어-인간'의 관계를 다루었던 한계와 그 맥을 함께한다.

헨리 젠킨스가 말하고 있는 것처럼 우리를 둘러싼 '올드미디어-뉴미디어'관계의 혼재 양상은 비단 현재의 문제만은 아니다. 시대가 필요로 하는 가치을 구현해 나가기 위한 실험적인 도전들은 역사적으로 많은 예들을 찾아 볼 수 있다. 이제는 일상화된 몽타주이론의 창시자인 에이젠 슈타인S. M. Eisenstein은 당시 뉴미디어인 영화 속에서 시대가 요구하는 가치와 일상의 문제를 해결할 수 있는 방법을 찾았고, 새로운 문화운동의 적극적인 방법론으로 영화를 활용하고 있다. 시대정신을 구현할 수 있는 미디어기술을 이해하고, 이를 본인이 가진 일상의 문제의식과 연계시켰던 문화융합적 사고가 시대의 미디어를 통하여 구현되었던 것이고, 이러한 과정들의 의미가 현재와 연결되고 있는 것이다.

영화 '전함 포템킨' 속 쇼트(shot)

'미디어-인간'관계의 시대사적 고찰은 단순히 시대 미디어를 통해 인류사의 발전을 설명하고 있다 보다는, 미디어의 발전을 이끄는 시대적인 배경을 인식하고, 이에 대한 문제의식을 구현해 나가기 위해 인류가 어떻게 시대 상황을 복합적으로 받아들이고 표상하였는지를 살핌으로서 의미를 가진다. 구텐베르크의 활자혁명을 비롯한 많은 미디어혁명은 인류의 관계와 소통방식의 극대화를 위한 시대적 필요에 의해 이끌어졌으며, 이는 내재적인 문제의식을 극도로 추상하는 문화융합적 사고와 연결된다고 할 수 있다. 이는 곧 인간 상상력의 극대화 개념과도 일치한다.

이처럼 미디어기술을 중심으로 시대 미디어의 의미를 살피는 것은, 단순히 현재의 미디어기기들을 현시대의 미디어로 규정하는 수준을 넘어서서, '미디어-인간'관계로 표상되는 것들의 의미를 적극적으로 해석해 내고, 그 필요를 극대화할 수 있는 문화융합의 관점에서 다루어야 한다. 즉, 현재 시점의 문화융합적 사고는 단순히 미디어기술을 중심으로 '미디어-인간'관계를 고찰하는 의미를 넘어, '자연-인간', '사회-인간', '미디어-인간'관계의 폭넓은 이해를 요구하고 있으며, 통시적·공시적으로 팽창되어 있는 생활양식의 적극적인 설명을 필요로 하고 있다. 이는 또한 현재 우리가 일상에서 경험하고 있는 미디어 개념의 확장을 이끌고 있다. 즉, 미디어의 개념은 인간의 생각과 행동이 담겨져 있는 의미구현체로서, 관계와 소통을 위한 의미매개체로서, 또한 교류하는 주체들의 상호성의 표상으로서 구체적인 실천의 지의 실재들로 그 개념을 확장하여야 한다. 이러한 개념의 확장 속에서 관계와 소통을 위한 내·외부적 가치의 일치를 지향하는 문화와 그 의미를 함께 할 수 있을 때, 문화융합의 개념을 미디어융합의 관점에서 설명할 수 있을 것이다.

타분야 융합의 예를 통한 글로컬 관점의 문화융합

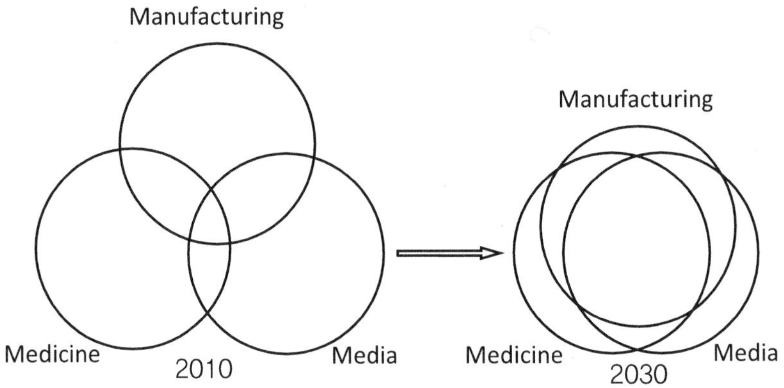

글로컬미디어콘텐츠는 이러한 문화와 미디어의 의미를 관계와 소통의 맥락에서 이해하고, 현재의 미디어기술 환경 속에서 시대 사적 가치들을 어떻게 구상해 나갈 수 있을 것인가의 관점에서 다루어져야 한다. 위의 그림에서 보여주고 있는 글로컬 관점의 문화 융합의 이해는 문화융합적 사고의 지향점을 보여주고 있음과 동시에, 글로컬 미디어콘텐츠의 기능과 역할을 보여주고 있다. 문화 융합은 서로 다른 개별문화가 교류의 과정 속에서 점진적이고 발전적인 하나 됨을 지향한다. 그리고 글로컬 미디어콘텐츠는 이러한 문화융합의 과정을 설명할 수 있어야 한다. 이러한 맥락에서 임마누엘 페스트라이쉬_{한국명:이만열}가 한국문화와 콘텐츠의 내·외부적 가치표상에 대해 다음과 같이 언급하고 있는 지식은 의미를 가진다고 할 것이다.

그는 현재 한국사회의 문제점으로 학문과 교육을 비롯한 일상 생활 속 인문학적 전통의 부재를 지적하고 있다. 한국사회의 병폐가 인간의 삶에 대한 근원적인 물음, 즉, '왜?'라는 질문에 답할 수 있어야 하는 가치가 '어떻게?'의 차원에서만 단면적으로 다루어지고 있다는 것이다. 우리가 학문을 하는 이유, 우리가 일상 속에서 삶의 양식을 만들어 가는 이유에 대한 근본적인 물음에 답할 수 있는 가치의 부재가 현재 한국문화의 병폐를 만들고 있으며, 이는 맹목적인 서구화 지향으로 이어지고 있다고 분석한다. 그는 미국을 비롯한 서구사회가 겪고 있는 기존가치의 한계를 지적하면서, 한국의 맹목적인 서구화 지향이 가져올 구태적 반복에 대하여 경고하고 있다.

이와 함께, 열린사회로 나아가야 하는 한국문화의 지향점에 대한 지적은 구체적인 문화콘텐츠의 방향성과 직접적으로 연계한다고 할 수 있다. 그는 한국문화의 유구한 전통과 빛나는 문화유산은 한국과 교류하고자 하는 외국인들이 일상적으로 공유할 수 있는 가치로 인정받을 수 있을 때 의미가 있다고 설명하고 있다. 그가 예를 들어 설명하고 있는 한글과 한국음식, 그리고 한국의 전통 문화유산은 현재 시점에서 우리가 가지고 있는 자랑스런 문화적 자산임에는 분명하지만, 이것들이 세계인들과 교류할 수 있는 미디어로 작용할 수 있도록 하여야 한다는 점을 강조하고 있다. 즉, 우리가 자랑스럽게 생각하는 문화유산 속에는 우리가 역사적으로 이문화권과 교류하면서 이루어온 우수한 생활양식이 담겨져 있으며, 현재 시점에 이러한 요인들은 다시 한 번 세계인들과 교류할 수 있는 문화적 경험으로 작용할 수 있으며, 문화 간 관계와 소통 속에서 공감을 만들어낼 수 있는 가능성을 내재하고 있다.

아시아를 비롯한 많은 지역에서 한국에 대한 인지도를 높여가고 있는 상황이 단순히 한국의 예술·엔터테인먼트 분야의 관심으로만 국한되지는 않는다. 그들은 한국문화의 중심가치가 어떻게 현재의 모습으로 한국인의

백제 금동대향로

일상생활 속에서 보여 지고 있는지를 알고 싶어 한다. 한국 문화가 역사 속에서 보여주었던 이러한 문화의 본원적 속성, 즉, 관계와 소통을 위한 노력들을 현재 시점에서 문화와 미디어의 가치로 재해석하여 다시 한 번 설명해 낼 수 있어야 한다는 것이다. 이러한 문화적 경험의 연결 속에서 그들이 한국문화를 체험하고 이해하려고 하는 노력들은 한국문화와 하나가 되려는 융합의 요소로 함께 작용할 수 있을 것이다. 글로컬미디어콘텐츠는 이러한 문화 간 관계와 소통을 위한 매개의 기능과 함께, 문화 간 교류의 의미를 설명하면서, 상호문화의 체험과 이해를 안내하는 역할을 수행할 수 있도록 기획되어야 할 것이다.

2) 외국인의 시각에서 본 한국문화체험

우리는 그 동안 한국문화체험의 개념을 우리식으로 만들었고, 우리의 문화를 상품화시켜야 한다는 강박관념 속에서 모든 해답을 한국의 전통·고급문화 속에서 찾으려 노력해왔다. 이로 인해 한국문화체험이 곧 전통체험이라는 인식이 일반화되었고, 한국의 전통·고급문화체험의 장이 마련되기는 하였으나, '현재_{현실}의 한국문화'를 설명할 수 있는 고리를 만들지 못하였다. 체험학습을 중심으로 한 한국문화체험 콘텐츠가 다수 시장에 형성되어 있음에도 불구하고, 일상과 전통을 전체적으로 설명할 수 있도록 수용자에 초점을 맞춘 한국문화콘텐츠는 부재한 현실이 되었다.

한국대중문화를 통한 한국문화체험의 개념은, 문화콘텐츠의 산업적 중요성과 함께 전 방위적으로 그 흐름을 확산시켜나가고 있다. 특히 지속적인 뉴미디어기술의 발전과 더불어, 엔터테인먼트 장르의 미디어콘텐츠는 급속도로 그 수요가 증가하고 있는 것이 사실이다. 문화기능주의 관점에서 진행되어온 '한국문화의 세계화' 논의는 최근 새롭게 대두되고 있는 신新한류에 대한 흐름과 함께 문화의 산업적 측면을 다시 한 번 강조하고 있지만, 우리가 지난 10여 년 동안 진행되었던 한류콘텐츠를 평가하면서 얻은 문화교류의 문제점에 관한 반성은 비단 부족한 산업화에 대한 갈망만은 아니다. 최근 한국의 대중가요나 드라마의 열풍, 연예계 스타마케팅을 중심으로 웹상에서 보여주고 있는 새로운 비즈니스모델의 제시는 한류에 대한 인식을 새롭게 하는 이슈임에는 틀림없다. 하지만 아직도 보편적인 한류의 대안모델로 제시하기에는 아쉬운 점이 많이 남는 것이 사실이다.

한국문화·한국문화체험의 개념을 수용자 중심에서 새롭게 정의하면, '외국인이 한국에 들어와서 경험하는 모든 것들'이 한국문화라고 말할 수 있으며, 같은 맥락에서 '한국문화체험'의 개념을 외국인이 한국문화에서 체험하고 싶어 하는 것으로 규정할 수 있을 것이다. 진정한 의미의 한국문화체험은 지금의 한국을 있게 한 우리의 생활양식, 현재를 살아가는 우리들의 모습들a way of life을 생생하게 체험할 수 있도록 하는 것이다. 따라서 한국의 생활문화체험을 중심으로 외국인의 시선에서 '경험하고 싶은 한국문화'의 수요를 파악하고 이를 문화상품화 시켜 나가는 것이 보다 현실적인 의미의 한국문화체험콘텐츠 개발이라 할 수 있다.

외국인의 시선에서 바라보는 한국문화체험을 위하여, 그들이 어떠한 목적으로 한국문화체험을 하고자 하는지를 알아내는 것이 중요하며, 수요자 자신이 체험하고자 하는 한국문화를 체험하도록 하기 위한 공간을 만들어 나가는 것이 필요한 시점이다. 이를 통하여 문화가 실질적으로 교류할 수 있는 장(場)을 새롭게 만들고, 상호 문화가 공동으로 추구하는 가치들을 나눔으로로써, 현재 시점에서 문화교류 주체들의 교류목적에 부합하는 의미와 가치를 새롭게 만들어나갈 수 있어야 한다. 이러한 맥락에서 한국문화콘텐츠는 이문화권과 교류할 수 있는 매개체로서, 현재 모습을 중심으로 우리를 설명할 수 있어야 함과 동시에, 보다 발전적인 현재를 위한 타문화 포용의 가치도 포함되어 있어야 한다. 이를 위한 인식의 전환이 무엇보다 중요하다.

외국인의 한국문화수요를 중심으로 한국문화체험의 개념을 만들고자 하는 것은, 한국문화의 내재적 가치를 폄하하고자 함이 아니라, 문화 교류 관점에서 한국문화의 정체성을 강화해 나가자는데 기본적인 취지가 있다. 또한 일상의 생활양식을 중심으로 하고자 함은, 전통의 가치를 바라보는 우리의 '박제화'된 시선을 개선시켜나가고자 하는 의지이다. 우리는 전 세계가 인정하는 찬란한 문화유산을 가지고 있다. 하지만 이러한 문화유산이 우리의 일상을 설명하는 문화적 경험으로 매개되지 못하고 있다는 점을 깊이 생각해 보아야 할 것이다.

프리드만이 말하고 있는 것처럼 문화적인 정체성을 규정하는 가장 근대적인 개념은 생활양식이다. 이는 현재 자신의 모습을 설명하는 연계성을 확보하는데 용이하기 때문으로 이해할 수 있다. 하지만 생활양식은 직접 눈에 보이는 일상의 가치만으로는 개인과 조직의 정체성을 전체적으로 설명하기에 한계를 가진다. 보다 폭넓게 이해하자면, 일상의 가치는 전통의 가치와 연결되면서 자신의 삶을 보다 폭넓게 설명할 수 있을 때 그 의미를 확장시켜 나갈 수 있으며, 이러한 맥락에서 전통의 가치는 현재화될 수 있다. 드라마 한류의 영향으로 한국의 전통사극을 외국인들이 즐기기 시작하면서, 한국의 전통음식에 대한 관심을 높여가는 태국의 예를 보면서, 과연 우리는 얼마나 우리에게 주어진 문화적 유산들을 현재의 삶의 양식들과 연결시키려는 노력들을 하고 있는지에 대하여 물음을 던지게 된다.

우리가 문화 간 관계와 소통을 위해 미디어체험의 개념을 강조하고 있는 것은 문화교류를 위한 우리의 타문화수용태도와 관련된다. 실질적으로 미디어체험의 개념을 강조하고 있는 것은, 현재 시점의 한국문화요소 중에서 미디어와 기술이 결합된 문화상품이 경쟁력이 있다고 판단하고, 한국문화의 글로컬화를 통한 문화 간 소통의 가능성을 평가해 보고자 함이다. 미디어와 기술은 우리가 관계와 소통을 만들어 나갈 수 있는 기술문명의 토대임에는 틀림이 없지만, 그 자체로 본원적인 한국 문화의 가치와 경험일수는 없다. 이러한 기술적 토양위에서 한국문화의 가치와 경험을 타문화와 나눌 수 있는 체험의 유형을 다양화하려는 노력이 필요하다 할 것이다.

미디어체험유형의 다양화는 한국문화를 소재로 한 다양한 체험콘텐츠를 만드는 것만을 의미하지는 않는다. 국가 간 문화교류의 실질적인 효과검증을 위한 경제적가치의 검토를 배제할 수 없는 현실을 받아들인다고 하여도, 문화의 속성을 배제한 문화적 논리, 즉 제품의 생산과 소비의 맥락만으로 콘텐츠를 유형화시키려는 노력만으로는 시대의 흐름 속에 받아들여지지 못할 것이다. 현재 우리가 문화를 통하여 얻고자 하는 문화교류의 필요와 수요가 어디에 있는지에 대한 고찰, 그리고 궁극적으로 이를 위하여 우리는 어떤 노력을 하고 있는지에 대해서 다시금 생각해 보아야 한다. 문화의 속성상 이미 우리 안에 새로운 우리가 들어와 있다는 것을 잊어서는 안 될 것이다.

3) 국가 간 문화교류와 문화콘텐츠 수용의 의미

문화와 미디어의 의미를 인문학적 관점에서 고찰하고자 함은 우리시대의 미디어와 문화콘텐츠가 지나치게 상업적 논리에만 치우쳐 있다는 비판을 되풀이하기 위함이 아니다. 우리가 21세기를 문화의 세기라고 명명하면서 문화의 관점에서 세상을 설명하고자 하는 것은 비단 산업적 측면에서 국가동력을 얻고, 근대 산업사회가 보여 주었던 헤게모니 쟁탈전을 지속해 나가기 위함이 아님을 되돌아 볼 필요가 있기 때문이다. 문화는 그 시대와 지역의 현재를 표상하고 있으며, 이는 현재 시점의 미디어를 통하여 가시화된다는 측면을 간과해서는 안 될 것이다. 문화는 이러한 관점에서 우열의 개념을 가질 수 없으며, 모든 문화는 각기 스스로 권위를 지니고 있다. 스스로 권위를 지닌 문화는 당연 동일성이나 차이라는 이념적 구속 상태로부터 자유로운, 다양성의 토대 위에서 상대방의 문화를 말하고 있다.

국가 간 문화교류를 위하여 우리가 무엇을 생각해야 하는지에 대한 답을 인문학적 전통 내에서만 찾을 수는 없을 것이다. 하지만 문화와 미디어, 미디어기술의 개념이 혼종 되어 있는 현재와 같은 복잡한 상황 속에서, 현재의 상황을 어떻게 받아들이고, 어떤 실천적인 행동들을 만들어 나가야 할 것인가에 대한 해답을 찾기 위해서, 인문주의적 사고가 우선되어져야 함을 다시금 되새기게 된다. 결국 문화와 문화 교류, 그리고 이를 매개하는 문화콘텐츠는 인간을 중심으로 나와 너의 관계를 규명하는 아주 기초적인 작업에서 시작되어야 할 것이다. 다름에 대하여 부정이나 정복의 대상으로 규정하고 있는 현재의 문화인식 및 수용태도 내에서 실질적인 국가 간 문화교류의 방향을 모색해 나간다는 것은 그 자체가 모순이고 아이러니 일 수밖에 없기 때문이다.

외래문화의 영향을 통한 문화변동으로는 한문화가 다른 문화와 장기간 동안 접촉하여 한쪽 또는 양쪽의 문화가 변하는 '문화접변acccultruation', 보다 넓은 개념으로 문화접촉으로 생기는 모든 종류의 문화모방, 문화차용, 문화전이 등을 포함하는 '문화전파culture diffusion', 그리고 두 문화가 접촉하여 타문화에 대한 동화와 반발의 과정을 거치면서 새로운 제3의 문화가 형성되는 '문화변형transculturation' 등이 있다. 이러한 문화의 가변적 특성에 비추어 볼 때, 정보화, 세계화가 급속하게 진행되고 해외여행의 확

대로 타문화와의 접촉이 빈번해진 현대 한국 사회에서는 문화변동
의 속도가 가속화되고 그 폭 또한 확대될 것으로 전망된다.(오만
석, 「21세기 한국문화교육의 새 패러다임 탐색」)

　　위에서 살펴본 바와 같이, 문화와 문화교류의 의미를 구분하
여 설명하는 것도 무리가 있다. 문화는 기본적으로 교환 및 교류
의 가치를 내재하고 있다. 이러한 맥락에서 '문화교류형 콘텐츠'
라는 말에도 어패가 있을 수 있지만, 이는 아직도 국가와 민족의
개념이 뿌리 깊게 인식되어 있는 상황 속에서 상이한 문화라는
개념이 국가와 민족의 구분이라는 개념과 종종 같은 의미로 쓰이
고 있기 때문이며, 이는 또한 문화콘텐츠의 개념이 국가산업논
리와 깊게 연계되어, 국가 간 상거래의 의미만으로 왜곡되어 있
음을 반증하기도 한다. 하지만 문화콘텐츠가 기본적으로 문화를
반영한다는 측면에서, 교류하는 문화 상호간 매개 역할을 해야
한다는 의미를 잊어서는 안 될 것이다.

　　이러한 측면에서 그간 우리가 문화콘텐츠개발을 위하여 일방
적으로 우리의 문화만을 내세우려 했다는 논리를 다시 한 번 되
새겨 볼 필요가 있다. 상호교류의 필요성을 느끼고, 한 문화가 상
대 문화와의 접촉 및 교류를 시도하고자 한다면, 그래서 우리가
우리의 문화를 구상화시키는 차원에서 문화콘텐츠를 만들고자 한
다면, 분명히 그 문화를 전달하고 소통하고자 하는 상대방 문화
와의 교점을 만들 수 있는 새로운 문화수용 및 포용의 틀을 먼저
고려해야 할 것이다.

문화콘텐츠 수용모델

Edward.H Spicer의 문화콘텐츠 수용모델

편입통합 (incorporative integration)	수용자의 요구로 받아들여져 새로운 통합형성이 이루어짐
동화통합 (assimilative integration)	종래문화가 외래문화에 동화되어 통합 형성됨
동화통합 (isolate integration)	두 문화가 격리되어 공존하고 있는 통합 형성됨
동화통합 (fusional integration)	두 문화가 제 3의 이상적인 형태로 통합 형성됨

위의 표에서 스파이서가 말하고 있는 문화콘텐츠 수용모델은, 자국의 문화가 상대방의 문화와 통합하는 이상적인 과정을 제시하고 있다. 이미 우리는 단순한 문화교류 및 문화변용의 시대를 넘어, 문화통합의 시대에 살고 있다. 문화는 물질적인 이익만을 추구하는 재화로만 기능할 수 없는 정신적이고 본질적인 가치이다. 문화를 통한 가치의 나눔을 실현하는 진정한 의미의 문화융합을 위하여, 시대적 흐름에 맞는 문화의 흐름을 이해하고, 이를 이상적인 형태로 받아들이려는 노력을 기울여야 할 것이다. 문화콘텐츠는 이러한 문화의 흐름을 이해하고, 이를 실천해 나가는 과정에서 우리가 보여줄 수 있는 가시화된 매개체라는 점을 간과해서는 안 될 것이다.

위에서 설명하고 있는 편입, 동화, 격리의 과정은 기존의 문화변용, 문화혼용 등의 개념과 함께 문화융합을 위한 사전과정으로 이해할 수 있다. 문화융합은 이러한 문화수용의 단계를 거쳐, 기존 문화와의 하나 됨의 가능성을 점검하는 과정을 거치게 되고, 이러한 과정들 속에서 또 다른 자기화의 가능성을 점검하게 된다. 이러한 일련의 과정은 개별문화권이 가지는 핵심적인 가치와의 연결을 통하여 체화된 모습으로 드러나게 된다고 할 수 있으며, 상호간 문화교류를 통하여 공동의 가치를 나누게 되는 문화교류주체들은 공동의 문화적 가치를 공유하게 된다.

문화융합은 문화 간 교류의 완성형으로서, 각 문화권이 지향하는 핵심적인 문화적 가치와의 연결을 통하여 이루어 질 수 있다고 할 때, 국가 간 문화교류를 위한 한국문화콘텐츠는 교류하는 두 문화권 사이의 핵심적인 가치와의 연결을 위해 작용할 수 있어야 한다. 또한 문화가 지향하는 인류사적 공동가치를 추구해 가면서 상대방을 이해하면서 수용할 수 있는 다양한 체험의 기회를 늘려나가는 역할을 가져야 한다. 미디어콘텐츠는 각 문화권의 현재 모습을 가시화하여 보여줄 수 있다는 가능성을 가지고 있으며, 또한 이러한 체험과 이해를 주도할 수 있는 책임과 과제를 함께 가진다고 할 수 있다.

Ⅲ

한국문화의
복합적
수요와
미디어의
역할

문화와 문화교류의 관점을 수용자의 관점에서 정의하면 문화는 '보여주고 싶은 것'의 의미보다는, '보여 지는 것'의 의미를 통하여 서로가 필요한 부분을 찾아갈 수 있을 때 진정한 문화교류의 의미와 가치를 가진다고 할 수 있다. 문화교류를 시작한다는 것은 기본적으로 타문화에 대한 호감을 가지고 있다고 할 수 있으며, 바꾸어 말하면 이러한 문화적 호감과 문화교류의 필요 요소들을 파악하는 일이 내재적인 문화의 가치를 높이는 방편임과 동시에, 외향적인 문화교류의 실체를 만들어나가는 중요한 요인이라 할 수 있다.

우리는 현재 국내거주 외국인 135만 명과 함께 살고 있다. 이들의 국내거주 이유와 목적은 그대로 한국문화의 현재 모습이며, 문화적 수요와 필요를 복합적으로 드러낸다고 할 수 있다. 우리는 역사상 이렇게 많은 외국인과 함께 거주한 경험이 없었고, 준비되지 못한 상황에서 그들에게 '이것이 한국문화다'라는 나름의 정의를 만들었다. 하지만 그들이 한국에 거주하는 이유와 목적, 그리고 그 유형들을 구체적으로 분석하다보면, 이러한 모습들이 단순히 과거의 한국 문화 속으로 동화시켜나가려는 일방적인 노력이라는 생각을 가지게 한다.

현재 시점의 한국문화는 그들과 함께 공유하면서 현재의 모습을 드러낸다. 그 속에는 그동안 우리가 중요하게 이어 온 가치가 포함되어 있고, 그들과의 교류 속에서 새롭게 포함되는 가치가 있다. 한국 문화 속에 새롭게 포함되는, 과거와 다른 모습들도 현재의 한국문화이다. 우리가 과거와 다르다고 하여 현재의 모습을 거부하거나, 전통만을 지켜내려는 모습은, 과거의 가치를 시대

상황에 맞게 재현해내지 못하는 우_愚를 범하게 된다. 중요한 점은 이러한 문화교류를 통하여 그동안 우리가 지켜왔던 문화적 가치들을 현재 시점에서 적극적으로 해석하고, 그 흐름을 이어나가려는 노력이다. 이를 통하여 역사 속에 그 맥을 이어온 한국문화의 내재적 가치를 발전적으로 전승하면서, 현재 시점의 한국문화를 표상해 나갈 수 있을 것이다. 이러한 맥락에서 한국문화의 '체험'과 '교육'이 다루어져야 한다.

미디어를 활용한 자국문화 보급 사업은 20세기 이후 꾸준히 사용되는 대중적이고 현실적인 방안이다. 20세기 동안 TV를 비롯한 대중미디어가 '미디어를 활용한 자국문화보급사업'의 핵심적인 역할을 수행하였다 해도 과언이 아니다. 하지만 '대중문화–대중미디어'에 대한 문화제국주의적 반성은 국가 간 문화보급사업의 양상에도 그대로 드러나고 있다. 20세기 대중미디어를 활용한 자국문화보급은 '위에서 아래로'의 흐름을 나타내며, 진정한 문화교류의 의미를 구현해 왔다고 평가하기 힘들다.

하지만 아직도 국가 간 문화교류 및 보급을 위한 미디어로서 방송시스템이 가장 대중적으로 활용되고 있다. 최근 유행하고 있는 SNS 미디어의 급속한 발전이 지구촌의 소통혁명을 이끌고 있지만, 이는 개별 SNS 미디어를 통한 전 세계 가입자의 확장과 이들 간의 소통으로 설명할 수 있으며, 국가 간 문화교류 차원에서 실질적인 문화 간 소통수단으로 활성화 하는 데는 한계를 가진다. 방송미디어 환경을 활용한 한국문화보급사업은 기존의 미디어 시스템 속에서도 실행되어 왔다. 대표적으로 아리랑TV, KBS월드 등 공공영역의 채널에서부터 개별 미디어들까지 다양하다. 하지만 우리의 미디어를 통한 자국문화보급사업은 선진국들의 방송시스템과 비교하면 아직도 자국문화홍보나 자민족중심주의의 성격을 벗어나지 못하고 있다. 특히 시청대상층의 구분에서 재외동포와 해외현지인들의 구분이 불분명하고, 이를 위한 전략의 부재 등

방송자체의 정체성에 관한 문제점까지 심각하게 대두되고 있다.

이제부터 사회적 수요 및 문화수요층의 문화수요를 총체적으로 충족시켜 나가기 위한 통합시스템으로서 프랑스 TV5monde의 사례를 분석해 보고자 한다. 이를 통하여 미디어를 활용한 자국문화보급사업을 문화융합의 관점에서 분석해 보고, 한국문화의 글로컬화를 위한 구체적인 미디어 활용 방안을 모색해 보기로 하겠다.

1) 프랑스 TV5monde

프랑스의 TV5monde의 예는 위에서 언급한 미디어를 통한 자국문화 현지화 전략이라는 측면에서 살펴볼 필요가 있다. 1984년부터 프랑스 문화부 주도로 프랑스어권 4개국 6채널이 공동 설립·운영하고 있는 TV5monde는 프랑스어권을 중심으로 자국문화를 확장시키기 위한 자문화중심주의로만 바라보기에는 그들의 문화권역별 현지화노력이 돋보이는 부분이 적지 않다. 채널설립에 함께 했던 벨기에, 스위스, 캐나다퀘벡와 프로그램을 공동 개발해 나가는 노력과 함께 아시아, 남미, 아프리카 등 권역별로 차별화된 프로그램 편성전략과 자체권역프로그램 개발, 그리고 이를 권역 간 순환시키는 전략들은 프랑스어를 매개로 만들어진 방송을 통해 전세계문화권을 소통시키면서 자국문화에 대한 호감도를 높여나간다는 측면에서 긍정적이다. 특히 프랑스어 교육에 미디어를 적극적으로 활용하고 있다는 점은 대중들에게 친숙한 미디어 환경 속에서 언어교육자료들을 체계화 시키고 이를 자국 언어교육 및 보급에 활용하고 있다는 점은 고무적이다. 대중문화콘텐츠를 방송하는 기능과 함께 쌍방향도 교육기능을 활성화시키기 위하여 국가별 웹사이트를 차별적으로 개발하고 그들의 눈높이에 맞춘 어학교육을 실시한다는 점은 적극적인 현지화의 맥락에서 긍정적으로 평가할 수 있다. 이와 함께 자국의 분야별 문화를 소개하면서 타문화와의 교류관계 속에서 자국문화의 호감도를 점진적으로 확산시켜나가고 있다.

(1) 채널현황

TV5monde이하 TV5는 프랑스어권 채널들이 모여 만든 공영방송이다. TV5는 연중무휴 프랑스어 방송을 송출하는 종합 엔터테인먼트 채널로서 전 세계에 걸쳐 3억 명에 이르는 시청자를 보유하고 있다. 세계 제1의 프랑스어 방송으로 프랑스, 캐나다, 스위스, 벨기에 등의 프랑스어권 국가의 주요사항, 문화, 가치관 등을 반영하는 영화, 다큐멘터리, 뉴스, 버라이어티 쇼, 오락 등 다양한 방송프로그램을 통하여 시청자들에게 프랑스어권의 다양한 문화를 접할 수 있는 기회를 제공하고, 프랑스어를 익히고자 하는 이들에게 중요한 학습도구의 역할을 하고 있다.

TV5는 1984년에 개국했으며 초기에는 프랑스 공영방송사TFI, Antenne2, FR3와 벨기에 방송RTBF, 스위스 방송SSR이 주축이 되어 만들었다. 이후 1986년 캐나다 퀘벡 공영방송사의 연합체CTQC가 합류했다. 1988년에는 북미지역을 담당하는 TV5 Quebec-Canada가

설립되었으며, 1991년 샤이오 회담을 통해 TV Afrique를 설립하였다. 1992년 라틴 아메리카와 카리브에서 TV5 디지털이 방영되었다. 1996년에는 송출지역을 아시아와 남태평양에까지 넓혔고, 1998년부터는 회원가입을 통해 프로그램을 송출하기 시작, TV5 미국의 구독 프로그램 방영, TV5 오리엔트 아랍 국가들을 위한 특별프로그램 방영을 시작하였다. 2000년 TV5 관련 장관회의에서 TV5네트워크 구축을 위한 권한을 TV5 구조조정 협력위원회에 위임한다. 2001년 6월에는 창사멤버인 5개 지역정보의 동의를 얻어 TV5 Monde월드의 의미로 구조 개편을 단행하였고, 2007년 IP 네트워크 기반의 TV5monde를 개발하게 된다.

프랑스어로 프랑스의 문화예술 프로그램을 소개하는 TV5는 프랑스어권의 정체성, 정신, 언어 그리고 가치를 반영하고 있다. 프랑스어는 유럽인의 25%이상이 말을 하거나 공부를 한 것을 포함하여 전 세계의 2억 1000만 명이 사용하고 있으며, 매주 5천 5백만 명의 시청자가 생기고 있다. 프랑스어권 국제기구 산하에 존재하는 TV5는 상업적인 측면이 아닌 문화의 상호 존중을 통한 다양성을 추구하는 측면에서 매우 독특한 위상을 지닌 방송이라고 말할 수 있다.

프랑스가 문화 다양성을 추구하고 있다는 자신들의 입장을 더욱 확산시키고, 그 지지 세력을 더욱 넓히기 위해 주도적인 역할을 하고 있는 프랑스어권 국제기구는 '평화, 민주주의와 인권 Paix, democratie et droits de l'homme','문화 다양성과 문화 간의 대화 diversite culturelle et dialogue des cultures',

'지속적 발전 Developpement durable', '교육과 정보에 대한 접
근 Acces a la formation et a l'information'이라는 4가지 구호
로 기구의 목적을 설명하고 있다. 프랑스어권 국제기구 사무총장
의 직속기구인 4개의 직접 실행 기구는 바로 이 목적들을 실현하
기 위한 구체적인 장치들이라고 할 수 있다. 이 실행기구들 중 특
히 TV5는 '문화'와 '대화', '정보'라는 프랑스어권 국제기구의 핵심
키워드가 집약된 곳이다.

(2) 콘텐츠 분석

TV5는 24시간 방송되는 종합엔터테인먼트 채널로 프랑스어권
문화 전파 및 프랑스어교육도 함께 진행하고 있다. TV5는 미국을
중심으로 한 상업방송의 대안채널로서 탄생하였고, 국제방송의 틈
새시장을 대상으로 하고 있다. 하루 16번의 뉴스를 비롯하여 정
보, 다큐멘터리, 오락, 스포츠, 음악 등 다양한 장르의 프로그램을
종합편성하고 있으며, 프랑스어권 공영 방송사들이 이미 방송한
것을 재편성하여 방송하기 때문에 재방송이 거의 대부분을 차지한
다. 그 외 영화, 픽션물, 다큐멘터리 필름, 스포츠 등의 프로그램
은 외부에서 구입하기도 하는데, 특히 아프리카 제작사들에게 구
입하는 것도 상당수 있다. TV5 예산의 3분의 2가 관련 정부부처
인 외무부와 커뮤니케이션부로부터 충당하고, 나머지는 그 외 3개
국의 방송사들이 부담한다. 2002년도 예산은 8900만 유로였다.

TV5monde 주요프로그램

장르	프로그램	
뉴스 프로	매일 4시(미주시각), 14시(아시아 시각), 22시(중동, 아프리카 시각)에 정기적인 뉴스 방송으로 초대 손님이나 현지 특파원과 함께 국제적인 쟁점이 되고 있는 주제에 관한 분석 및 토론으로 진행	- 5JT: 하루에 5차례 12분간 시사 문제를 종합하여 전달 - 경제 뉴스 : 국제 경제에 대한 분석 - JTA: 아프리카에 관한 뉴스로 AITV와 CFI의 합작 - 한 달에 한 번: 52분 동안 5가지 주제에 대해 집중 탐구하는 프로그램으로 사회적으로 저명한 인사를 선택하여 그 인물을 집중 탐구함 - 빨간 커텐: 현재 사회적으로 가장 관심을 갖고 있는 주제를 선택하여 5대륙의 배우, 각종 사건들의 증인들, 예술인이 토론하는 것을 90분간 생방송 함 - TV5의 초대 손님: 전 세계에서 사회, 정치, 경제, 문화 부문의 인사를 한 사람씩 선정하여 매일 10분정도 인터뷰 함 - 끼오스크: 매주 월요일 52분 동안 생방송으로 각국의 특파원을 통해 지난주의 가장 중요한 소식을 듣는다.
문화	- 공기에서 쉽게 융해되는: 일주일에 한 번 문화와 아이디어들의 만남의 장소인 파리에서 다양한 경향의 예술을 혼합하고 창조하는 예술가들을 만난다. - 프랑스어권 음악: 매주 한 번 프랑스어권의 음악가를 초대 2곡의 연주를 생방송으로 들으며 함께 세계의 음악 경향에 대한 대담을 나누고 젊고 재능 있는 음악가를 발굴하여 앨범을 소개함 - 모든 축제: 전 세계에서 열리는 다양한 축제 소개 ** 이 밖에 아프리카의 사회, 문화, 정치, 경제에 관한 다양한 프로그램 방영	
영화	일주일에 2회 내지 4회 세계 각국의 고전 최근작 상영, 각국의 상화에 따라 프랑스어, 영어, 아랍어, 스페인어, 포르투갈어, 네덜란드어, 독일어 등으로 자막처리 되기도 함. ** 이 밖에 다양한 주제의 다큐멘터리와 스포츠 프로그램이 방영됨	
다큐멘터리	- 24시간 한 도시에서: 전 세계의 도시 중 한 곳을 선택하여 24시간 동안 집중 방송하는 프로그램으로 에리자베드 청구이와 프리데릭 미테랑이 진행한다. - 집중: 스펙터클, 문화, 미디어, 모드 등 각 분야에서 한 사람을 선택하여 그들의 예술작품을 선택하여 그들의 예술세계를 재조명 함.	
프랑스어 학습프로그램	- TV5와 함께 프랑스어 익히고 가르치기: 36,000명이 넘는 불어교사들이 이 프로그램에 참여하고 있으며, 2000년 이후 11,000명이 넘는 프랑스어교사가 수업시간에 TV5를 활용하고 있음 - TV의 집: 아프리카에 거주하는 사람들의 만남과 교류의 장소가 됨. **이외 스포츠, 음악, 어린이를 위한 다양한 프로그램이 있음	

출처: TV5monde 한국지사 내부자료(2011)

　　1984년 설립된 TV5는 그 규모만으로 보면 세계에서 세 번째로 크며 전 세계 2억 5천만 가구가 5대륙에서 24시간 일주일 내내 방송을 수신하며, 매주 5천 만 명이 넘는 시청자가 9개 신호 권역 지역 방송을 통해 11개 외국어 자막을 보고 있다. 미국이 세계 3위권 안에 2개의 채널을 보유함으로서-뉴스에서는 CNN, 대중문화 프로그램으로서는 MTV-세계인들의 문화적 시각이 미국 중심으로 편중될 우려가 있다는 프랑스어권 나라들의 의식이 생겨났고, 그들은 문화적으로 편중되지 않은 시각에서 사회·정치적인 문제를 다루어 줄 수 있고, 문화적 호기심을 충족할 수 있는 차별화된 채널이 필요했다.

　　세계에 송출할 의도로 설립된 유일한 방송국인 우리 방송국은, 공영 방송의 기본적인 임무를 다하고 있습니다. 즉, 우리 방송은 세계 시민 시청자에게 오락, 정보, 견해를 제공함으로써 편견과 선입견을 넘어 그들이 국제적인 중요 쟁점을 읽어내고, 또 '다른 이들'의 현실에 대한 호기심을 채울 수 있도록 돕습니다. 영화, 스포츠, 픽션, 연극, 또는 다큐멘터리는 이러한 점에서 다양성의 강력한 통행허가증 역할을 합니다. TV5는 이쪽에서 저 쪽을 보게 해 주고 또 저 쪽에서는 이쪽을 보게 해 주면서 전 세계 시청자들을 결집시킵니다.

마리-크리스틴 사라고쓰(Marie-Christine Saragosse),
〈TV5monde 한국어 자막 기념 소개서〉

TV5의 특징은 존재하는 다양한 관점들을 보여주는 것에 있다. 그리고 이러한 다양성이 특히 문화의 측면에서 어떻게 관철되고 있는가를 살피는 것은 이 방송이 지향하는 목적에 비추어 볼 때 매우 중요한 일이다. TV5가 교류하는 국가들과 쌍방향의 문화적 접근을 시도하고 있는것은 세계를 대상으로 방송을 하는 차별화된 소통방식이자, 세계인에게 소통의 길을 열어주려는 채널 정체성의 근간이 되고 있다. 이러한 문화적 가치관들이 미디어를 통하여 가시적으로 보여 지고 있는 점은, TV5를 단순히 프랑스어권 연대의식 강화를 위한 자민족중심주의로만 이해시키기보다는, 중심문화로서 프랑스적 관점을 확산시키려는 노력으로 해석해 볼 수 있다.

TV5는 미국을 중심으로 한 일방적인 문화제국주의적 시각에서 탈피해 나감과 동시에 또 다른 문화제국주의적 시각을 보여주고 있다는 비판적인 목소리를 극복하고자 노력하고 있다. 동시에 미디어적 정체성을 강화하기 위하여 일방적인 소통의 방식에서 탈피하여 문화적인 소통을 넓혀나가려는 노력을 강화해 나가고 있다. 이러한 노력은 아프리카를 비롯한 권역별 채널차별화정책을 통하여 살펴볼 수 있다.

위 사진 속의 'afrique press'는 2001년부터 2011년까지 아프리카에 관련된 사건과 인물들을 다루는 프로그램이다. 이 같은 시도는 아프리카문화를 긍정적으로 바라볼 수 있는 계기를 제공하고, 상호 문화에 대한 인식의 틀을 바꾸어 줄 수 있도록 해주는 시도로 평가할 수 있다. 이와 함께, 아프리카 문화를 소개하는 프로그램을 일정 시간 배정하도록 하는 편성전략을 통해 다른 문화의 가치를 재조명하고, 시청자들이 타 문화에 대한 편협한 가치를 가지지 않도록 노력하고 있다.

흔히 정보와 뉴스가 선진국에서 후진국으로 전달되는 전형적인 일방향 정보전달에서 탈피하기 위하여 상호문화가 쌍방향 소통할 수 있도록 하는 장치를 마련하고 있는 것이다. 물론 이러한 기계적인 소통의 장치만으로 문화 간 쌍방향교류를 전체적으로 설명할 수는 없지만, 기존 '문화제국주의-대중미디어'의 전형적인 모순을 제도적으로 극복해보고자 하는 시도는 평가할 만하다.

TV5는 단지 아프리카 지역에 국한되지 않고 전 세계의 아프리카·아프리카인과 관련된 뉴스를 CFI_{Canal France International}와 AITV_{Agence Internationale d'images televisees}로부터 제공받아 방송하고 있다. 또한 일반적으로 다른 나라의 극장에서는 개봉되지 않은 프랑스 어권역의 영화들을 방영함으로써 프랑스어권 지역의 영화와 작가 들을 소개하고 다양한 문화와 창작물을 소개하는 역할을 하고 있 다. 자신의 작품을 소개할 여건이 안 되는 아프리카 프랑스어권 영화 작가들에게 있어 TV5는 매우 중요한 매개체 역할을 수행하 고 있다고 할 수 있다.

(3) 현지화 사례

• 문화의 가치지향과 문화적 교감

이러한 노력은 현재 5대륙의 프랑스 문화권이 아닌 곳에서도 활발히 진행되고 있다. 한국에서도 석가탄신일을 기점으로 한국 의 음력문화, 불교문화, 아름다운 자연을 보여주는 여행 프로그 램이나 서울을 찾아오는 프로그램, 반기문 UN총장과의 인터뷰 등을 통해 한국문화와 소통하려는 모습을 보여주고 있다. 외국인 의 시각에서 한국을 보고, 한국이라는 나라를 이해하기 쉽도록 세계에 알리는 계기를 제공하고 있으며, 한국 시청자들의 입장에 서는 우리의 것을 보는 외국인의 시각을 확인할 수 있다. TV5는 문화 교류를 위한 미디어 기반으로 활용되고 있으며, 이러한 미 디어를 활용한 문화 교류는 상호 문화의 호감을 통하여 문화 간 이해를 높이는 역할을 수행하고 있다.

위 사진은 TV5monde Pacifique〈한국어 특집〉편성이다. 태평양권에서 한국어 자막 방송을 개시하게 된 것을 계기로 TV5monde는 한국에 관련된 방송특집을 편성하였다.「용서해 주세요!」는 한국어자막 방송으로 진행에 다리우스 로슈뱅, 초대손님에 반기문 유엔 사무총장이 출연했다.「여행: 한국」 또한 한국어자막 방송으로 띠에리 까이보가 제작을 맡았다. 석가탄신일을 맞아 마곡사와 해인사를 통해 불교와 사찰을 알아보는 시간을 가졌으며, 마곡사에 들리기 전 잘 알려지지 않은 무술 선무도에 대해 방송했다. 그리고 감히 상상도 할 수 없는 특권, 즉 한국 불교가 가장 소중하게 보존해 오고 있는 해인사의 팔만대장경을 방송했다.「최고로 좋아」는 마리 앙쥬 올라빌이 진행을 맡았다. 이 방송에서는 서울을 찾아 한국적인 삶의 지혜와 유행하는 한국의 명품에 대해 방송했다. 지난 파리 패션쇼에 참여했던 두 명의 패션 디자이너 이상봉과 Juun J.가 출연했다.

TV5의 해외현지화는 각 문화권별 이슈와 관심을 프로그램 속에 담아내려는 노력과 함께, 이를 권역별로 순환시키는 방식으로 문화 간 소통을 시도하고 있다. 대중미디어를 활용한 현지화노력은 막대한 재원과 인프라를 필요로 하는 방식임에도 불구하고, 자체예산편성을 통하여 프랑스어권을 중심으로 문화권연대를 시도하고 있는 부분은 긍정적으로 평가할 수 있다. 하지만 국내의 경우를 통해서 알 수 있듯이, TV5의 채널 인지도는 아직 미비한 수준이다. 대중미디어를 통한 문화보급사업은 프로그램에 담겨져 있는 메시지의 내용만큼이나, 실질적으로 얼마나 많은 현지인들에게 노출되어질 수 있을 것인가의 문제를 동반한다. 인터넷환경을 활용한 부가적인 서비스 확대 등 채널인지도를 높여나가려는 자체적인 노력을 하고 있지만, 아직 시청자들이 '찾아와야 하는 서비스'의 수준을 벗어나지 못하고 있으며, 이는 대중미디어시스템 속에서 인터넷 환경을 부가적으로 활용하는 한계라고 지적할 수 있다. 하지만 온라인상의 문화보급사업 이외에 채널 프로모션 차원에서 진행되고 있는 오프라인상의 문화교류 활성화 지원프로그램은 아직 실효적인 부분에서 미비한 수준이지만, 미디어를 활용한 문화보급사업의 개념을 활성화시켜나간다는 측면에서 평가할 만하다.

• 문화적 교류를 위한 공감의 도구: 언어교육활용

문화 교류를 위해 각 문화가 노력해야 할 부분 중의 하나가 언어의 소통이다. TV5 역시 자사의 프로그램을 프랑스어교육과 연계하여 활용함으로써 시청자들이 프랑스문화에 친근하게 접근 할 수 있게 하는 방법으로 방송시스템을 활용하고 있다. 대중미디어로서 TV5의 방송 프로그램과 뉴미디어로서 웹$_{web}$상의 어학교육을 위한 시스템은 '대중미디어-뉴미디어' 관계의 고찰에서 알 수 있었던 '몰입'과 '대화'의 개념과 연결시켜 설명해 볼 수 있다. TV5 프로그램을 프랑스어 교육에 활용하고 있는 것은 일상생활을 중심으로 한 미디어 콘텐츠를 문화교육의 차원에서 언어교육과 연계하여 활용하고 있다는 점에서 매우 고무적이다. 노윤채·지영호는 TV5의 교육자원으로서의 가치에 대해 "멀티미디어 자료는 여전히 언어교육에 효과적인 수단이며 TV5에서 제공된 자료들은 어학교육용으로 제작된 것이 아니라 뉴스와 다큐를 중심으로 하는 실재자료document authentique 로서 그 문화적 가치도 무시할 수 없다."라고 평가하고 있다.

TV5monde Web TV: Apprendre TV, Ensegner TV, 7 jours sur la planete

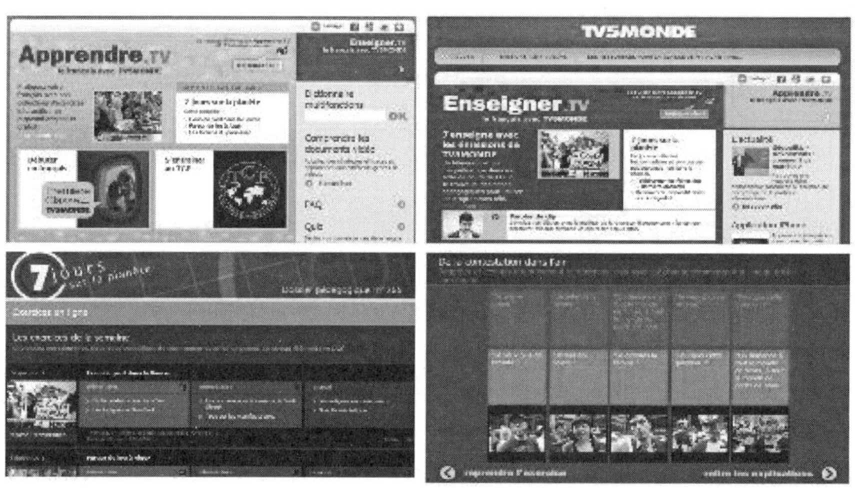

위의 사진은 Apprendre & Enseigner Learn & Teach를 통해 TV5의 미디어콘텐츠가 WebTV상에서 프랑스 어학용 학습 콘텐츠로 분절되는 자료를 보여주고 있다. TV5의 프로그램 중 프랑스어 교육에 가장 활용도가 높은 '7 jours sur la planete지구촌 일주일'의 예를 보면, WebTV의 형태인 Apprendre TV, Ensegner TV에서 프로그램 내용이 적극적으로 활용되고 있음을 알 수 있다. '7 jours sur la

planete_{지구촌 일주일}'의 화면을 클릭하여 보면 초급, 중급, 고급의 단계로 지정하여 내용을 볼 수 있도록 구성되어있다. 오른쪽 하단의 그림은 그 중 초급의 과정을 나타내고 있으며, 각 표현 어구와 화면이 연결 지어 볼 수 있도록 구성되어 있다.

Web TV의 형태인 Apprendre TV, Ensegner TV는 TV5 프로그램이 가지고 있는 재미와 흥미를 충족시키는 문화적 요소와 함께 보이고 들리는 생생한 학습정보를 통하여 학습자로 하여금 학습의 동기를 일으킬 수 있는 충분한 교육적 가치를 제공한다는 측면에서 그 가치를 인정받고 있다. 또한 무료로 가입이 가능한 www.tv5.org를 통해 학습자들이 쉽게 접근할 수 있도록 시스템을 갖추고 있으며, 학습적 요소를 충분히 고려하여 제작된 다양한 콘텐츠 −방송 클립, 음악, 대본− 등을 쉽게 접할 수 있도록 하고 있다.

특히 이러한 시스템을 통하여 TV5의 시청 층을 다변화시키면서, 미디어를 통한 문화교육과 언어교육의 유기적인 연계방안을 모색하고 있으며, 각국의 프랑스 문화교육원등과 연계된 시스템을 통하여 보다 많은 사람이 쉽게 프랑스어를 접할 수 있도록 하는 방안도 고려하고 있다. 이러한 관계기관들의 유기적인 연계를 통하여 미디어를 매개로 프랑스 문화의 교류와 관계의 발전이라는 궁극적인 목적에 한발 다가서고 있다고 할 수 있다.

현재 한국의 7개 지역−서울, 인천, 부산, 대전, 전주, 광주, 대구−에 있는 알리앙스 프랑세즈_{프랑스어학원}가 이와 같은 A&E 학습 서비스를 도입하고 있다. 알리앙스 프랑세즈는 매년 8,000여 명의 수강생이 등록을 하고 있으며, 이들은 TV5의 주시청자라고 할 수 있다. 서울 주재 프랑스 고등학교와도 A&E 서비스 공급에 대한 계약을 체결하였다. TV5는 학생들이 사용하는 스포츠 용품을 후원하고 A&E 사용방법을 교사들에게 교육시키고 있다.

주한 프랑스 고등학교에서는 약 400명의 학생프랑스70%, 한국 30%이 재학하고 있으며, 이들은 TV5의 유소년 프로그램, 애니메이션, 교육 프로그램 등을 시청하는 주 고객 중 하나이다. 이와 함께 어린이·유아를 대상으로 한 TiVi5monde의 경우 애니메이션을 비롯한 주요프로그램을 무료로 제공하여 각국에 주재한 프랑스 자녀 뿐 아니라, 해외현지의 어린이·유아 대상층이 어려서부터 문화적으로 친근하게 채널을 접근할 수 있도록 유도하고 있다. 이는 중·장기적인 차원에서 프랑스의 문화와 미디어를 활용하여 관계와 교류를 촉진시켜나간다는 측면에서 긍정적인 평가를 받고 있다.

• 채널 프로모션을 통한 지역별 현지화 정책

프랑스 문화를 중심으로 해외현지국가들과 교류를 매개하는 공공채널로서 자리매김하기 위하여 TV5에서 행하고 있는 채널마케팅 전략은 자국문화보급의 차원을 넘어서서 자국의 문화와 현지문화의 만남을 주선하는 문화교류차원의 노력으로 이어지고 있다. TV5monde Pacific의 한국 프로모션 계획을 살펴보면, 해외현지국가와 전략적인 우호관계를 이루어 가려는 의지를 살펴볼 수 있다. 문화 교류를 위한 활발한 문화행사를 개최하고, 비영리차원의 적극적인 문화교류 지원정책이 이루어지는 것을 알 수 있다.

아래의 표에서 보여주고 있는 채널 프로모션의 내용을 살펴보면, 그들의 현지화 노력이 단순히 온라인 미디어만을 활용하는 일방적인 수준을 넘어서고 있다는 점을 살펴볼 수 있다. 2장에서 살펴보았던 것처럼 미디어의 개념은 미디어기기를 활용한 소통의 개념을 넘어서고 있다. 미디어를 통한 해외현지화의 개념은 현지에서 자국 문화와 현지문화가 만날 수 있는 장소제공의 의미가 우선되어야 한다. 이러한 맥락에서 채널프로모션 차원에서 진행되고 있는 오프라인 상의 '문화 간 교류지원'은 단순히 채널 홍보의 차원을 넘어선다고 할 수 있다. 물론 전세계권을 대상으로 한 일방적인 지원이라는 한계를 벗어나지 못하고 있고, 그 지원의 폭이나 규모가 실효적인 효과를 거두는 데에는 한계를 가지지만, 자국문화의 일방적인 홍보수준에 머무르고 있는 우리의 경우와 비교할 때 우리가 해외현지화의 개념을 어떻게 변화시켜나가야 할지에 대한 방향성을 제시해 주고 있다고 할 수 있다.

미디어를 통한 문화교류의 개념을 '미디어를 통한 문화 간 만남의 기회확대'에 두고, 이러한 개념들을 활성화시켜나가기 위한 노력들이 온·오프라인의 미디어를 연계시키는 노력들과 병행되어야 한다. 이를 위하여 해외현지에 파견되어 있는 민·관·정의 업무를 일원화하려는 노력과 함께, 현지 미디어와 융합할 수 있는 기회들을 확대해 나가려는 노력이 병행되어야 할 것이다.

TV5monde 한국지사 채널 프로모션

항목	내용
가. TV5 인지도 높이기	– 문화 포털, 프랑스어권과 관련된 포털(portal)과 교류 – 알리앙스 프랑세즈(Alliance francaise/www.afcoree.co.kr)및 불문학과 및 유럽관련 학과가 있는 대학교와 교류 – 미디어와 관련된 행사와 교류 – 캐나다, 스위스, 벨기에, 프랑스 대사관과 공식적이며 정기적인 교류 활성화
나. 프랑스어권 관련 행사	– 한국의 프랑스어권 국가와 관련된 중요한 행사에 참여 – 전국 '샹송' 대회를 스폰서하고 결승전에 프랑스 가수를 초청 – 부산 국제 영화제의 'French Night' 참여 – 매년 3월에 있는 'Week of Francophony' – 공식 프랑스어 사용 국가로 형성된 네트워크 행사에 참여
다. 유명인사 초청 행사	– TV5에 참여하는 국가에서 유명인사가 올 경우, VIP 행사 주최/ 참여 – '09년 5월, 벨기에의 왕자와 함께하는 리셉션 – 작가 베르나르 베르베르와 함께하는 리셉션 – 캐나다의 영화감독들과 함께하는 리셉션
라. 기타	– '08년 부산국제영화제에서 TV5 아시아지사가 영화제와 영화 관련자들의 모임을 취재. – '09년 초에 방송된 'Special on Seoul' 을 촬영 – TV5 아시아지사 및 파리본사에 행사를 알리고 해외 취재를 유도한다. – 행사와 관련하여 동호회카페에 소식을 알리기 – TV5 네이버 블로그 활성화 – 싸이월드와 연동하여 콘텐츠 제공

출처: TV5monde 한국지사 채널프로모션. 2011. 8. 기준

2) 문화융합 관점의 TV5monde

(1) 문화의 가치지향과 미디어환경의 활용

프랑스의 영상정책은 문화보호주의 정책을 통하여 자국문화를 보호하고 문화의 다양성 원칙을 추구하려는 프랑스 문화정책을 상징적으로 보여주고 있으며, TV5는 이러한 프랑스 문화정책의 '상반'과'상보'의 문화적 가치추구의 모습을 표상하고 있다고 할 수 있다. 이러한 프랑스의 영상정책은 마르코 마르티니엘로_{M. Martiniello}가 말하고 있는 것처럼 프랑스식의 다문화주의, 즉, 동화주의 전통과 그 맥을 함께 한다. 프랑스의 기본적인 문화정책은 자코뱅주의적이고 공화주의적인 전통에 입각하여 민족적 · 인종적 기원에 관계없이 그리고 신앙이나 문화적 관습에 관계없이 모두가 동일한 권리와 의무를 갖는 것으로 간주한다. 이러한 동화주의 전통은 "새로 국적을 취득하는 자들은 공적으로 그 나라의 언어를 사용해야 하며, 그 문화를 받아들여야 한다."는 인식으로 이어지고, 이는 프랑스가 20세기 다문화주의를 포용하는 방식이었다.

프랑스의 동화주의 전통은 자문화중심주의 시각으로 평가되어질 수도 있지만, 김태훈이 지적하고 있는 것처럼 문화적 보호와 문화적 다양성 추구의 문제는 수단과 목적의 구분으로 바라볼 수도 있다. 이는 우리가 논의하고 있는 '관계와 소통을 위한 자기정체성의 확립'의 차원으로 해석되어질 수 있다. 하지만 관계 속에서 현재의 자신을 극단적으로 지켜내려는 노력이 문화의 속성을 자의적으로 해석하려는 모순으로 이어지는 현실적인 한계에서 벗어나기는 힘들어 보인다.

• '관계와 소통'을 위한 문화의 가치지향

이처럼 TV5monde는 프랑스가 지향하는 문화적 다양성 추구의 맥락에서 프랑스 문화를 중심으로 관계와 소통을 만들어나가고자 하는 수단의 한계점과 타문화와의 관계와 소통을 문화의 차원에서 만들어가려고 하는 목적이 공존한다. 프랑스의 문화부 장관이었던 카트린 트로트만이 언급하는 문화적 예외와 문화 다양성 간의 관계에 대한 구분은 수단과 목적의 맥락을 설명하고 있다.

> 문화 다양성이라는 개념은 예외라는 개념을 대신하지 않습니다. 이것은 모호한 현실을 감추려고 의미를 바꾸려는 것도 아니고 더구나 포기하려는 것도 아닙니다. 아주 단순히 말해 이 두 용어는 같은 층위에 놓여 있지 않습니다. 문화 다양성에 있어서 중요한 것은 협상에서 추구해야 할 목적을 분명히 하는 것입니다. 문화적 예외는 문화 다양성이라는 목표에 도달하기 위한, 제게는 협상 불가능한 것으로 보이는 수단입니다. 이 새로운 용어는 긍정적이며 그것은 단일화의 위험에 맞서 단지 우리 자신의 문화뿐만 아니라 세계의 모든 문화를 보호하겠다는 의지를 표현하는 것입니다.

TV5가 보여주고 있는 프랑스어문화권 연대의식 및 프랑스문화 중심주의에 대한 한계는 분명 프랑스의 시각에서도 충분한 고려의 대상임을 그들도 인식하고 있는 듯하다. 20세기까지 프랑스를 비롯한 문화선진국들이 보여준 문화제국주의 관점의 한계를 인식하면서, 그들이 문화로 관계와 소통을 만들어 가려는 의지의 순수성을 의심하게 하는 점들이 많은 것도 사실이다. 하지만 이러한 의지와 노력은 문화의 본원적인 의미 자체를 인식하고 있고, 이를 목적 지향적인 가치로 두고 있는 점에서는 평가할 수 있을 것이다. 그들은 자신의 정체성이 담긴 문화를 가지고 타문화권과 대화하려는 의지를 가지고 있고, 21세기 바뀌어가는 소통방식 속에서 상대방 문화의 이야기를 듣고 함께 하려는 노력들을 병행하고 있다는 점은 단순히 구시대 문화제국주의 시각만으로 단정적으로 말하기 힘든 부분이다. 이렇게 열린 공간에서 자신 있게 대화를 나눌 수 있는 자신감은 자기문화에 대한 정체성을 공고히 하는 것에서 출발한다는 것을 잊지 않고 있는 것이다. 이러한 맥락에서 프랑스의 영상을 비롯한 문화정책은 문화를 즉각적인 산업재화의 가치로 환원하려는 노력보다는, 문화를 통하여 상호 친밀감을 확보하고, 이를 통하여 보다 진전된 관계와 소통을 발전시켜나가면서 부가적인 가치를 만들어가려는 노력으로 이해할 수 있다. 이는 문화의 원론적인 의미고찰을 통하여 어떠한 문화정책을 만들어가야 할지를 고민해야하는 우리의 입장에서 고려해 볼 수 있는 점이라 할 것이다.

• '올드–뉴' 미디어환경을 활용한 문화의 소통방식

TV5의 미디어환경에 대한 고찰을 통하여, 프랑스가 추구하고 있는 이러한 문화적 가치의 인식과 더불어 문화의 다양성을 실천해 나가는 실재의 모습이 반영되어있음을 알 수 있다. TV5가 제기하고 있는 미디어의 미국식 세계화와 다른 시각의 필요성은 분명 문화의 다양성이라는 측면에서 의미를 가진다고 할 수 있다. '뚜웨이밍의 문화중국 관점을 어떻게 바라볼 것인가?'의 문제제기를 통하여 살펴보았던 것처럼, 프랑스 문화의 관점에서 세상을 바라보는 또 하나의 방식으로 이해할 수 있을 것이며, 프랑스문화권의 연대 또한 이러한 맥락으로 이해할 수 있다. 뉴스와 시사 등의 콘텐츠를 많이 다루고 있는 종합편성을 지향하고 있는 모습에서도 알 수 있듯이, 세계 곳곳에서 일어나고 있는 현상들에 대한 편재된 시각으로부터 벗어나려는 노력은 문화 다양성을 추구하려는 의도로 큰 틀에서 해석할 수 있다.

이와 함께 프랑스 자국을 포함하여 유럽 내 범프랑스어권_{Francophony}이 추구하는 방송시스템과 아프리카를 포함한 각각의 문화권이 네트워크화 되어 운영되는 차별화된 시스템은 개별문화권이 가지는 의식을 공유하고, 한편으로 차별화된 문화체계를 인정하고자 하는 모습에서 나름의 소통방식을 만들어 나가고 있다고 할 수 있다. 공익채널의 성격을 강화하기 위하여 전 세계 네트워크를 운영해야 한다는 재정적인 한계로 TV5와 연계하는 채널로부터 프로그램을 수급하는 방식으로 운영되는 점 등은 TV5다운 채널성격을 만들어나가지 못하는 한계를 가진다. 하지만 자국 내 네트워크를 통하여 기본적인 채널을 편성하고, 이와 함께 특성에 맞춘 현지화 프로그램들을 만들어나가려고 노력하고 있다. 그리고 이를 권역별로 순환시켜서 상호 권역별 이해를 높일 수 있도록 하는 정책은 문화로 대화하려는 실천적인 의지로 평가할 수 있다. 이는 단순히 자막, 더빙 등의 기술적 문화번역의 수준을 넘어 개별 문화권의 일상을 프로그램화 하여 보다 현지인들과의 친숙도를 높이려고 한다는 측면에서 긍정적으로 평가할 수 있을 것이다. 이를 위하여 미디어의 개념을 확산하여 오프라인 공간에서 현지문화와의 만남을 확대해 나가려는 노력 또한 위에서 논의한 미디어체험의 관점에서 우리가 추구하고 있는 미디어의 개념보다 앞서 있음을 알 수 있다.

특히 일상생활을 다룬 미디어콘텐츠를 통하여 문화 간 친밀감을 높이고, 상호간 체험과 이해를 높이려는 뉴미디어의 활용은 몰입과 대화의 기회확대라는 측면에서 우리가 취하고 있는 한국어보급정책과 비교해 볼 만하다. '문화-언어교육'의 관계를 'TV5-프랑스어교육'의 관계 속에서 구체화시키고 있는 사례를 통하여 문화와 언어의 관계를 바라보는 프랑스의 시각을 알 수 있다. 프랑스는 우리보다 앞서 다문화사회를 경험하였다. 그들은 다름과의 동거양식 속에서 무엇이 필요한지의 구체적인 수요를 파악하고자 하였고, 현실적인 문제를 문화와 미디어의 관계 속에서 해결책을 찾아보고자 노력하였다. 이는 외국인을 위한 한국어교육의 문제를 한국문화교육의 차원에서 인식하지 못하고 있는 우리에게 시사하는 바가 크다.

외국인을 위한 한국어교육의 문제는 그들이 한국문화에 적응하며 살아가는데 유용한 틀을 제시하는 차원에서 다루어져야 한다. 한국문화와 타문화교류가 깊이 있는 교류를 만들어가기 위한 방법론으로서 상호문화에 대한 이해를 높일 수 있는 방향으로 진행되어야 한다. 상호 문화에 대한 이해를 높이기 위하여 언어가 무엇을 매개할 수 있을지에 대해 깊이 있는 고찰이 필요할 것이다. 이는 곧 상대 문화의 이해를 위한 체험을 확대해 나가는 가운데 언어교육이 기능할 수 있어야 한다는 것을 의미한다. 문화교육과 언어교육의 관계를 재정위하면서, 새로운 교육적 층위를 만들어 나가려는 노력이 필요하다.

(2) 문화융합관점의 '문화-미디어' 관계

이처럼 많은 예산을 투자하고 다양한 실천적 의지를 표출하고 있음에도 불구하고, TV5의 문화 간 소통을 위한 다양한 노력들은 문화교류의 본원적인 의미를 회복하는 실효적인 성과를 만들어내지 못하고 있다. 다시 말해, TV5는 아직도 '대중미디어-문화제국주의'의 관계로부터 자유롭지 못한 개념적인 한계를 가진다고 할 수 있다.

TV5는 현지화의 맥락에서 현지문화권의 특성을 담아내려는 노력을 계속하고 있다. 특히 TV5afrique의 경우, 전체적으로 독립적인 하나의 아프리카채널로 보기에도 무방할 정도의 채널성격을 가지고 있다. 아프리카를 벗어난 흑인들의 문화까지도 미디어를 통하여 새롭게 연결하려는 시도들은 긍정적으로 평가할 만하다. 하지만 아직도 아프리카 문화권, 흑인문화권을 바라보는 프랑스식 관점을 벗어나지 못하는 한계를 가지고 있으며, 문화교류에 대한 일방향적인 인식 속에서 어떻게 미디어가 기능하고 있는지를 보여주고 있다. 이는 2009년 TV5pacific 권역에 포함되어진 한국에서도 그 모습을 살펴볼 수 있다.

한국인들이 TV5를 시청할 수 있는 기회를 확대하기 위한 채널편성의 노력들, 한국인의 문화행사에 프랑스문화를 접할 수 있는 다양한 기회의 제공과 스폰서쉽, 그리고 한국의 일상문화를 취재하고 이를 전 세계 네트워크 속에서 순환시켜 한국의 문화를 알리려는 프로모션 등은 현지화를 위한 적극적인 노력으로 평가받을 수 있을 것이다. 이러한 노력에도 불구하고 본원적인 맥락의 문화융합관점에서 문화교류와 미디어를 전체적으로 이야기하기에는 한계를 가진다. 이는 그들이 진행하고 있는 노력이 무의미하다는 것으로 평가하기 보다는 노력의 방향성에 대하여 다시한 번 생각해 볼 필요를 가지게 한다.

현재 시점의 문화와 미디어, 그리고 미디어를 통한 문화보급의 개념은 관계와 소통을 확산시켜 나가야 한다는 근본적인 문화교류의 의미와 가치를 회복하면서, 상호문화가 쌍방향적인 교류를 통하여 새로운 의미단위를 생성해야한다. 이는 또한 문화 간 소통을 만들어 낼 수 있어야 한다는 문화융합의 관점에서 새롭게 정위되어야 한다. 즉, 기존의 방송시스템을 활용한 문화보급사업은 거시적인 맥락에서 문화보급의 정도를 수치화, 계량화하는 장점을 가지고 있다. 하지만 뉴미디어환경의 관계 간 의사소통방식은 이러한 일방적인 소통방식의 대체를 요구하고 있다. 이는 뉴미디어환경을 기존시스템에 접목하는 수준을 넘어, 시대사적인 맥락에서 어떠한 소통방식이 요구되고 있는지에 대한 고찰을 필요로 하게 한다. 즉, TV5가 기존의 방식에 뉴미디어의 기술적 기반을 부분적으로 수용하고 있는 노력은 이러한 시대가치에 맞추어가려는 노력으로 평가받을 수 있지만, 우리가 궁극적으로 지향해 나가야 할 목표가 쌍방향 대화, 상호간의 적극적인 자기표현과 이의 수용이라는 맥락에서 보다 근본적인 사고의 전환을 요구하고 있다.

해외현지화의 노력은 이러한 생각들을 현장에서 함께 나누고, 문화 간 상호발전을 도모하는 기회를 모색하는 차원에서 다루어져야 할 것이다. 이를 시공간의 장벽을 넘을 수 있는 미디어 공간에 존치시키고 보다 많은 의견을 수렴하고 발전시킬 수 있는 '적극적인 자기표현'의 장으로 이끌 수 있도록 올드미디어는 기능하여야 할 것이다. 문화융합을 상위개념으로 설정하는 미디어개념의 유연한 해석과 활용이 필요하다고 할 것이다. 해외현지화의 개념은 이러한 맥락에서 현지문화와의 만남의 공간을 확대해 나가면서, 실질적인 교류의 의미를 진전시켜 나갈 수 있는 차원에서 보다 다양한 노력들이 이루어져야 한다.

2. 미디어와 문화수요

전술한 바와 같이 우리는 지금 135만이 넘는 외국인과 함께 살고 있다. 또한 전 세계적으로 한류를 통한 한국문화의 보급이 이루어지면서, 한국문화에 대한 관심이 높아지고 있다. 그동안 한국문화에 대한 관심이 상대적으로 적었고, 이에 한국문화를 세계인들에게 알리려는 차원에서 한국문화보급이 진행되어왔다고 하면, 이제는 한국문화를 통하여 우리를 좀 더 깊이 있게 알리고, 이를 바탕으로 그들과 함께 나눌 수 있는 적극적인 문화 간 소통의 단계에 들어섰다고 할 수 있다.

이문화간 소통을 위해서는 서로가 공통적으로 나눌 수 있는 소통의 매개체가 필요하다. 그동안 우리는 서구 문명과 소통하기 위하여 그들의 언어를 배우고, 그들의 문화를 배우고, 그들을 따라 하기 위한 획일적인 기준들을 만들어 왔다. 지난세기까지 많은 문화 간 소통은 문화제국주의적 논리에 의하여 문화 간 서열을 기준으로 한문화권이 다른 문화권에 동화되는 경향을 보여 왔다. 이러한 문화교류의 과정에서 많은 문제점들이 대두되었고, 그간의 과오를 극복하고 문화교류의 근본적인 의미를 찾으려는 자성의 노력들이 다각도로 진행되고 있다.

지난 세기 일방적인 문화교류의 많은 시행착오를 경험하고도 우리는 아직 문화 간 소통을 위한 구체적인 대안을 찾지 못하고 있는 것이 사실이다. 그동안 우리가 경험한 문화교류가 소위 문화선진국들과의 교류 속에서 모든 주도권을 교류국가에게 내주고, 그들이 제시하는 기준에 맞추면서 진행되어왔다면, 이제는 한국문화를 가지고 우리와 교류하고자 하는 국가들과 관계와 소통을 만들어 나갈 수 있는 기회를 가지게 되었다. 이 과정에서 우리가 경험했던 문제점들을 그대로 답습해 나가기보다는, 우리와 교류하고자 하는 국가들과의 관계 속에서 이러한 문제의식을 극복할 수 있는 해답을 찾으려는 노력이 필요하다. 단순히 한국문화의 보급 및 전파의 차원을 넘어, 문화 대 문화의 소통을 위한 실질적인 문화교류의 노력들이 필요하다고 하겠다.

1) 한국문화의 복합적 수요

현재 한국문화를 대표하는 중심 가치는 엔터테인먼트 산업을 중심으로 진행되고 있는 산업적 가치인 것 같다. 특히 한류가 안정적인 산업적 지위를 구축해 나가고 있는 동남아지역의 경우, 한국의 지상파방송사들을 포함한 미디어기업들 뿐 아니라, 대형기획사들을 중심으로 연예엔터테인먼트산업의 현지진출이 끊임없이 이어지고 있다. 한편, 일차적인 한류가 거친 지역을 중심으로 문화인지의 단계를 넘어 본격적인 문화 공감共感의 단계로 넘어가는 시점에 구체적인 한류콘텐츠인 '한국어', '한국음식' 등의 한국문화에 대한 관심이 이어지고 있다.

이러한 문화적 수요가 일어나는 시점에 문화교류의 원론적인 의미를 살펴보기 위하여 우리가 이문화권과 문화교류를 가져야하는 사회적 필요가 무엇이고, 상대방의 사회적 필요가 무엇인지에 대한 깊이있는 고찰이 필요하다. 우리는 지난 한류의 경험을 통하여 일차적인 문화인지 효과를 가졌고, 엔터테인먼트산업군을 중심으로 한 대중문화콘텐츠는 전략적인 현지화 개념으로 새롭게 무장하고 지속적인 사업진행을 구상하고 있다. 하지만 이러한 해외현지화 노력이 어디에서 무엇때문에 기인하고 있는지는 냉정히 살펴볼 필요가 있다.

K-pop을 비롯한 한국대중문화가 현지화를 통한 사업을 적극적으로 수행해 나가고 있는 현실이 국내 음반시장 및 대중문화시장의 장기적인 침체에서 기인하고 있다는 평가는 우리의 사회적 요구가 어디에 있는지를 보여주고 있다. 이와 함께 지상파방송사업자를 포함한 대형 미디어사업자들이 한류의 진원지에서 대형 콘서트나 부대적인 미디어사업을 토착화 시키고자 하는 노력 또한 최근 국내 미디어사업이 뉴미디어시장의 팽창으로 국내 미디어 생태계가 무너지고 있는 현실과 무관하지 않다. 하지만 한류산업의 분야별 지향점이 단순히 한정된 국내시장의 소비를 넘어서기 위한 대안의 차원에서만 다루어진다면, 이는 지난 한류의 우愚를 되풀이함과 동시에, 문화교류 대상국을 단순히 우리의 문화상품을 소비하는 국가로 바라보게 함으로써, 서로의 문화적 가치를 함께 나누고, 이를 상품화시키면서 각국의 문화산업 환경에 맞는 생산과 소비를 활성화시켜 나가고자 하는 문화산업의 근본적인 취지에서 벗어나게 된다. 또한 이러한 현실의 문제점은 우리가 국제사회와 문화교류를 가지게 된 근본적인 이유를 퇴색시키기도 한다.

고용노동부는 근로자 송출협정을 맺은 아시아 15개국에 세종학당을 설립하기 위한 업무협조를 문화체육관광부와 맺고, 2011년 9월부터 아시아 5개국_{베트남, 캄보디아, 방글라데시, 네팔, 우즈베키스탄}에서 시범적으로 시행해 나간다는 계획을 발표하였다. 한국에 파견된 아시아 근로인력들이 한국어와 한국문화에 대한 이해를 높일 수 있는 기회를 제공하기 위한 방안으로 보인다. 더 이상 우리사회의 당면문제를 기능적으로만 바라보지 않고 문화적인 맥락에서 해법을 찾으려는 노력으로 해석할 수 있다. 서로에 대한 문화적 이해를 바탕으로 한국문화의 가치를 그들과 함께 공유하면서 본래 사업의 취지에 맞게 산업적인 생산성을 높일 수 있는 구체적인 방안들이 전략적으로 다루어져야 하는 사회적 요구이기도 하다.

정부주도형 세종학당의 경우 그 본원적인 의미를 '한국어학습을 통한 깊이 있는 한국문화의 이해'에서 찾을 수 있다. 과연 '한국문화 콘텐츠가 상대방의 시선을 적극적으로 수용하고 있는가?'를 냉정하게 관찰하고, 문화비교의 맥락에서 한국문화에 대한 이해를 높일 수 있는 구체적인 방법들을 모색해야 할 것이다. 문화번역의 개념은 문학의 범주를 넘어, 적극적인 문화수용의 단계로 가기 위한 필수적인 요인이라 할 수 있다.

몇몇의 사례에서 볼 수 있는 이러한 한국문화의 해외현지화 요구는 기존 한류의 문제점을 인식하고, 보다 발전적인 방향으로 현지화 전략을 구사해 나간다는 측면에서 긍정적으로 평가할 수 있다. 지상파 방송사업자가 진행하는 직접적인 해외현지화사업 자체가 문제가 될 수는 없다. 하지만 '왜 해외사업을 진행하는

가?', '무엇을 진행하는가?', '어떻게 진행하여야 할 것인가?' 그리
고 무엇보다도 그 목적자체가 '그들과 무엇을 함께 할 수 있을 것
인가?'의 명분을 명확히 해야 한다. 문화, 미디어, 콘텐츠의 범
주를 개별사안에 맞게 규정하고, 목적과 목표, 전략과 전술을 구
분하며, 이를 지속적으로 수행해 나가기 위한 마스터플랜을 구체
화시켜나가야 한다. 또한 우리가 지난 한류에서 경험한 문제점을
검토하고 이를 개선해 나가려는 노력도 절실하다.

지금까지 한류는 우리나라와 가까운 일본, 중국, 대만, 홍콩
등의 국가에서 시작하여 태국, 베트남, 싱가포르와 같은 동남아
시아 국가에서 비교적 활발하게 진행되고 있다. 태국에서의 한류
는 일본, 중국과 같이 우리나라와 지리적으로 근접하기 때문에
한류가 확산되어 왔던 초창기의 모습과 달리, 전 세계의 문화가
공존하는 가운데 한국문화가 보편적인 가치로 인정받을 수 있을
것인가의 차원에서 그 의미를 살펴볼 수 있다. 태국은 아시아에
서 일본과 중화권 국가를 제외하고 영화산업의 규모가 큰 국가이
며, 전통적으로 외래문화수용에 대한 거부감이 적다. 또한 태국
의 지정학적 여건상 태국에서 한류가 확산되면 인근 라오스, 캄
보디아, 미얀마까지 크게 영향을 미치는 견인차 역할을 할 것으
로 전망된다.

지난 몇 년 동안 한류는 태국인들이 한국을 관광목적으로 방문
하게 하는데 상당한 영향을 미쳤다. 〈가을동화〉나 〈겨울연가〉를 본
태국인들은 강원도지역을 방문하기를 원하며, 〈풀하우스〉 드라마
를 본 태국인들은 극중 여주인공의 집이 있던 제주도와 인천의 드

라마 촬영지를 방문하기를 원하고 있는 것으로 나타났다. 태국에서 가장 성공적인 드라마로 인정받고 있는 〈대장금〉 역시 태국사회에 한류를 더욱 부각시켰으며, 한국문화를 경험하고 드라마 촬영지를 방문하고자 하는 태국인들이 지속적으로 늘어나고 있다.

하지만 이제 더 이상 한편의 한류드라마를 통하여 관광객을 유치하고자 하는 단편적인 목적의식에서 벗어나야 한다. 외국인의 입장에서 한국문화와 한국문화콘텐츠를 소비하는 방식, 그리고 이러한 소비패턴을 바탕으로 어떻게 한국에 대한 이미지를 형성하고 있는가의 문제를 종합적으로 점검해 볼 필요가 있다. 태국은 국왕을 국가의 수반으로 하는 입헌군주제이기 때문에 국왕을 모욕하거나 전통문화를 해치는 정치적 표현은 금기시되며, 흡연과 음주의 장면들도 방송에서 규제하고 있다. 그러나 태국사회로 수출된 한류대중문화콘텐츠 중에는 폭력적이고 선정적인 내용들이 다수 포함되어 있고, 이는 곧 한국대중문화에 대한 거부감과 한국의 이미지 및 방문의향에 부정적인 결과를 초래할 수 있다는 점이 지적되고 있다. 대중문화와 문화상품간의 관계, 그리고 이를 통한 국가 간 문화교류의 측면을 고려할 때 반드시 숙고하여야 할 측면이다.

한편 태국인이 한국문화를 접촉하는 방법이나, 한국문화콘텐츠를 통하여 한국에 대한 이미지를 가지게 되는 과정, 그리고 향후 경제적 가치로 이어지는 소비패턴에 관한 분석도 주목할 만하다. 한국대중문화상품에 대한 선호도, 한국 전통음식에 대한 선호도, 한국국가이미지에 대한 선호도, 한국방문의사 등을 변수로 그 상관관계를 고찰한 결과, 태국인들은 한국대중문화상품, 즉 드라마나 대중가요를 통하여 한국에 대한 이미지를 높이고 있다. 하지만 실질적으로 한국에 대한 방문의지를 높이는 것은 한국 전통음식에 대한 선호도와 연결되었다. 드라마를 통하여 한국에 대한 선호도를 가지게 되고, 실질적으로 드라마 속에 드러나는 한국적인 문화콘텐츠를 통하여 실질적인 소비로 이어진다는 것이다. 드라마 〈대장금〉이 태국에서 인기를 누리면서, 태국인들이 한국의 전통음식에 관심을 가지게 되었다는 점은 향후 외국인들의 실질적인 한국문화소비와 연계하여 주목할 만하다.

이를 통해 우리는 외국인들이 한국의 문화를 대변하는 한국의 대중문화상품을 여과 없이 받아들인다는 것을 알 수 있다. 〈대장금〉이후 한류의 열풍을 타고 전 세계로 진출하고 있는 우리의 드라마나 대중가요가 이러한 점들을 얼마나 인식하고 있는지에 대해서, 제작 전 단계부터 심각하게 고민해 보아야 한다. 지나치게 스타마케팅에만 의존하고 있는 현재 한류콘텐츠가 무엇을 고민하여야 하는지에 대해 방향을 제시한다고 할 수 있다. 가장 한국적인 문화를 담아내기 위한 노력이 자칫 전통과 스타마케팅에만 의존하는 현상으로 이어져 오히려 상대방이 관심을 가지는 소재개발에 소홀히 한다면, 우리가 대중문화상품을 통하여 우리의 문화를 알리고자 하는 의미마저 상실하게 될 것이다. 동남아지역을 포함한 아시아권은 실질적인 한류상품 구매효과를 기대해 볼 수 있는 지역이다. 점진적이고 지속적인 마케팅효과의 기대를 위해서라도 보다 체계적인 현지화 전략구상이 필요한 시점이다. 하지만 이러한 해외현지화의 노력은 비단 '현지인들이 무엇을 원하고 소비하는가?'의 관점에서만 바라볼 필요는 없다. 우리가 전통과 일상의 문화적 매개를 통하여 세대 간 소통을 어떻게 만들어 가고 있는지에 관한 고찰 또한 이문화간 교류에서 우리가 무엇을 생각해야 하는지에 대해 몇 가지 아이디어를 제시해 주고 있다.

한국의 전통문화를 생활 속에서 체험하는 '종가체험' 프로그램이 활성화되고 있다. 수백 년의 전통을 가진 명문가들이 솟을대문을 열고, 현대인들에게 일상을 공개하고 있다. 전통을 보존한다는 측면에서 원형성만을 강조하던 이전의 모습과 달리, 그 맥을 현대화시켜 지켜나가고자 하는 노력이 엿보인다. 사진 속에서만 보던 명문가들의 일상을, 그곳에 머무르면서 우리가 옛 전통을 이어가야 하는 이유를 직접 몸으로 체득하고 있다. 사람이 살지 않던 고택은 점점 사람들의 체취를 다시 한 번 느끼면서 살아나고 있다. 서로가 익숙하지 않은 모습에 당황했던 모습들은 사라지고, 점점 서로에게 익숙해지면서 친숙하게 대화하고 있다. 고택은 미디어로서 수백 년 동안 간직했던 메시지를 우리와 나누고 있다. 언어적 차이, 사회적 차이, 시공간의 차이 등으로 넘어서지 못할 것 같았던 소통의 벽은, 서로의 일상 속에서 공통점을 발견하면서 서로의 일상으로 가깝게 다가서고 있다. 의식주를 비롯한 기본적인 생활양식에 대한 서로의 의견 뿐 아니라, 시공간의 장벽을 넘어서고 세대를 넘어서는 진솔한 대화를 나누고 있다.

우리가 전통과 일상을 연결시키는 이와 같은 체험프로그램에 관심을 갖기 시작한 것도 얼마 되지 않았다. 우리는 종족성의 동질감으로 문화적 정체성을 공유하는 집단임에도 불구하고, 이러한 문화적 소통을 위해서는 서로의 진정한 소통의지를 필요로 한다. 한국 문화 안에서 먹고, 마시고, 입는 이러한 기본적인 행위조차, 개별주체간 시공간의 거리를 뛰어넘기가 얼마나 어려운지를 일상에서 경험하고 있다. 불과 백여 년도 안 되는 시간동안 일어난 문화적 단절이 얼마나 서로를 어색하게 만들고 서로를 이해하기 힘들게 만드는지를 경험하고 있다. 하지만 역사적인 당위는 이러한 문화적 연결을 다시금 시도하는 힘으로 작용했으며, 다양한 다름을 서로가 받아들이면서 자신의 일상을 풍성하게 설명할 수 있는 관계와 소통을 만들어 나가고 있다. 이러한 '고택−현대인'의 관계와 소통은 위에서 설명한 '미디어−인간'간의 관계를 매개하는 미디어체험의 전형을 보여주고 있다고 할 수 있다.

우리가 여기서 다시금 짚어보고 넘어가야 할 부분은 '다름'으로 인식되는 주체 간 관계와 소통을 위한 다양한 체험방식이다. 우리는 한국문화라는 문화적 정체성을 통하여 선험적인 제도들을 공유하고 있다. 미디어체험을 위한 대상체간 소통의 경우, 공통적인 학습요소는 배제가 되고, 문화정체성 공유 집단 간의 시간적, 공간적 문화 차이를 극복하는 소통요소에 중점하고 있다. 현대를 살아가는 우리가 단순히 시간을 뛰어넘어 우리의 과거 문화 속으로 들어간 것이 아니다. 현재의 생활양식을 확장하여 과거의 생활양식 속으로 들어간 것이다. 이는 의식주를 비롯한 기본생활양식, 즉, 음식, 의복, 거주 등의 문제를 극도로 현재화하여 설명하고 있기 때문에 가능했던 것이고, 이것이 현대의 삶과 과거의 삶을 매개하고 있다. 그리고 점점 이러한 미디어 속에 담겨 있는 가치의 연결에 관심을 가지게 된 것이다. 이는 우리가 일상에서 다양하게 접하는 2차 미디어들 속에서 자연스럽게 생활화되어지고 있었다. 이러한 다양한 소통방식들을 통하여 우리는 일상의 생활양식을 풍요롭게 설명할 수 있다.

국가 간 문화교류의 미디어체험 또한 같은 맥락에서 고찰되어질 수 있을 것이다. 위의 예에서 '우리가 왜 과거의 한국문화와 소통하고자 하는가?'의 물음에 대한 답은 '우리의 일상에서 설명되어지지 않는 답을 찾기 위해서'였다. 우리가 한국인이기 때문에 한국문화의 전통을 이해해야 한다는 식의 당위적 접근이 가지는 한계는 지난시간 충분히 경험을 하였다. 그렇다면 '우리가 왜 우리와 다른 국가와 문화적 소통을 하고 싶어 하는가?'에 대한 근원적인 물음에 답할 수 있어야 할 것이다. '우리가 국제화 시대에 살고 있기 때문에'라는 당위적인 접근이라던가, '경제적 가치만을 위하여', '정치적인 목표를 달성하기 위하여' 등의 단편적인 목표의식의 성취를 말하기에는 국가 간 문화교류의 목적은 너무 숭고하다.

전통과 일상의 예에서처럼 국가 간 문화교류의 경우도 서로의 생활양식을 설명하는 맥락에서 추진되는 것이 맞을 것이다. 그리고 교류하는 주체들은 적극적으로 서로의 입장을 이해하려는 의지와 노력이 필요하다. 문화적 해석의 개념은 '같음'을 이야기하기 보다는 의미의 공유를 전제로 한다. 그리고 서로가 친교성을 높여갈 수 있는 방향으로 작동하여야 할 것이다. 미디어로서 고택은 많은 대중매체들에 의해 다양하게 소개되었다. 고택이 가지는 건축학적인 의미에서부터 철학적인 한국문화의 가치에 이르기까지 다양하게 그 의미와 실천을 위한 노력들을 이어왔고, 지금도 진행 중이다. 그리고 생활양식의 친근함으로 그 연결고리를 찾았다.

국가 간 문화교류의 경우도 이를 다루는 미디어가 달라질 필요는 없다. 하지만 다루는 방식의 차이는 분명히 존재한다. 교류 대상체가 달라졌기 때문이다. 한국의 전통문화는 그들에게도 보다 다양하고 깊이 있게 한국을 체험할 수 있는 기회를 제공하면서 현재 한국의 생활문화를 이해할 수 있는 기회가 될 수 있다. 중요한 것은 한국의 전통문화를 체험하면서 우리를 이해시킬 수 있었던 것처럼 다양한 방식들이 고려되어져야 한다는 점이다. 이를 위해 그들을 좀 더 깊이 있게 체험하고 이해할 필요가 있다.

2) 한국문화의 산업적 수요

최근 신한류에 대한 논의의 중심은 한국대중문화콘텐츠를 중심으로 한 한류상품의 마케팅 전략 구상인 듯하다. 하지만 우리가 지난 한류의 경험을 통하여 반성해야할 부분은 단순히 산업적인 틀을 갖추지 못했다는 측면 뿐 만 아니라 우리가 문화 및 문화교류의 본질적인 의미와 속성을 파악하지 못한 한계이다. 우리는 지난 한류를 통하여 한국문화에 대한 대외적인 인지도를 높이는 데 어느 정도 성과를 가졌다. 그들은 한국 문화에 관심을 가지게 되었고 점진적으로 한국문화와 교류하려는 의지를 가지고 있다. 그리고 문화 간 교류의 필요성을 인식하고, 소통을 위한 매개체를 찾고 있다.

아시아권 한국어 교육 수요조사 분석연구는 한류를 통한 한국문화의 수요와 소비의 기준을 다시 한 번 되짚어보게 한다. 한국 대중문화가 아시아권 국가들을 대상으로 한국문화에 대한 인식을 높여가고 있는 시점에 그들이 한국문화를 어떻게 바라보고, 어떻게 그들의 현재 모습과 연결하려고 하는지에 대한 상관관계를 보여주고 있다. 위의 연구는 한국문화보급으로 한국어교육에 대한 수요가 늘고 있지만, 한류상품의 영향이 한국어교육의 분위기로 이어지고 있다고 보기 힘들다는 점을 지적하고 있다. 한국문화의 확산이 한국문화콘텐츠의 직접적인 구매로 이어질 수 있다는 산업적인 논리는 한계를 가진다고 할 수 있으며, 그들의 직접적인 한국문화콘텐츠 구매의사는 소비자입장의 종합적인 판단에 따르게 된다.

K-pop, K-drama, 게임 등 엔터테인먼트분야의 선호도가 한국문화콘텐츠의 직접적인 구매로 이어질 수 있다는 환상만으로 '코리안 세일즈'의 목적의식을 가지는 것은 한계를 가진다. 이는 지난한류를 통하여 우리가 문화교류콘텐츠를 어떻게 바라보아야 할 것인가의 반성에 충분히 담겨져 있다. 동남아를 비롯한 아시아권 국가들의 한국어수요는, 소위 '코리안 드림'으로 일컬어지는 아시아권 근로자 송출국에서, 한국파견을 희망하는 근로자들을 중심으로 이어지고 있다고 이 보고서는 분석하고 있다. 이제는 문화 간 교류의 사회적 배경을 인식하고, 이를 바탕으로 한국문화수요의 층위를 만들어야 한다는 것이다.

고용노동부는 외국인 고용허가제_{Employment Permit System: 이하 EPS}를 2004년부터 시행하고 있다. 한국의 노동시장은 1970년대 후반에 노동력의 무제한적인 공급이 종료되는 제1차 전환점, 1987년 6.29 민주화선언을 계기로 한국이 권위주의 시대에서 민주화시대로 전환하면서 제2차 전환점을 가졌고, 1998년 11월의 외환위기를 계기로 압축적인 구조조정을 거치면서 고도성장시대에서 중성장 시대로 전환되어 제3차 전환점을 통과하였다고 평가받고 있다. 한국은 제2차 전환점 이전에는 해외에 노동력을 내보내는 송출국의 입장이었으나 1987년부터 국내노동시장에서의 인력부족이 심화되면서 저 숙련 외국 인력의 유입이 본격화되기 시작한 것이다. 이러한 국내 노동시장의 판도변화 속에서 1993년부터 시행된 산업연수생제도를 시작으로 2000년 연수취업제, 2002년 외국국적동포에게 취업활동을 허용하는 취업관리제를 거치면서 2003년 6월 임시국회에서 「외국인근로자의 고용 등에 관한 법률」이 통과되어 2004년 8월 17일부터 외국인고용허가제가 시행되게 되었다.

이와 같은 국내 노동시장의 변화는 국내노동인력의 질적 향상으로 대한민국의 기술노동력이 높아지고 있다는 반증이기도 하지만, 이는 3D업종을 비롯한 저 숙련 노동시장의 기피현상에서 기인한다고 생각할 수 있다. 노동인력시장의 생산성, 경쟁력 등의 평가를 떠나 우리사회는 국내노동인력이 기피하는 분야에 대체인력이 필요하였고, 시장에서 필요로 하는 공급을 해외노동인력으로 대체해 나가고 있다. 이러한 과정에서 실질적인 다문화사회로 접어들었고, 예상치 못했던 많은 사회적인 문제를 경험하면서 현재에 이르고 있다.

우리가 겪고 있는 다문화사회의 문제점이 해외노동인력의 유입으로 인한다고 단정할 수는 없다. 하지만 우리는 이러한 산업구조 전반에서 노동인력 수급을 위한 변혁의 과도기를 거치면서, 제도시행 이전에 체계적으로 준비하지 못하였던 '다문화시대'와 그에 따른 사회적 문제점을 껴안게 된 것은 부인할 수 없는 사실이다.

이러한 인력구조 변화의 문제점들로 발생한 한국사회의 구조적인 문제점을 치유하기 위한 노력들이 각 분야별로 진행되어 왔고, 이 과정에서 외국인을 바라보는 우리의 인식 또한 많이 변화된 것도 사실이다. 우리사회 곳곳에 거주하는 외국인의 분야별 분포비율은 우리사회가 글로벌시대, 다문화시대에 겪고 있는 문제점을 보여주고 있으며, 이를 해결해 나가려는 노력을 어디에 두어야 할지에 대한 문제해결의 방향을 제시해주고 있다.

외국인력 체류현황(2011년 5월말 현재) (단위: 명)

총 외국인(1,353, 967)										
외국인력(712,409)								유학생 (D2)	결혼 이민자	기타
전문 인력 (E1–E7)	비전문 인력 (486,613)		불법 체류자	단기취업 등(14,820)						
	비전문 취업 (E9)	방문취 업자 (H2)		단기 취업 (C4)	산업 연수 (D3)	기업투 자연수 (D8)	선원 취업 (E10)			
42,526	190,957	295,656	168,450	630	1,874	6,800	5,516	65,866	143,882	431,810

한국을 방문하는 목적은, 문화적 호감을 통한 관광, 국가 간 상거래를 위한 비즈니스, 국가 간 외교적 차원의 교류, 이외에 노

동인력을 비롯한 인력자원 교류_{결혼이민, 유학생 외}로 구분해 볼 수 있다. 중요한 점은 이들을 방문목적에 따라 구분하는 것이 아니다. 이들이 적극적으로 한국과 한국문화와 교류를 하려는 의지를 가진 대상층이라는 점을 인식할 필요가 있으며, 이들을 대상으로 한 관계와 소통의 가능성이 국제사회에서 한국문화가 문화 간 소통을 매개할 수 있을 것인가의 기회를 제공하고 있다는 것이다. 이들의 한국문화수요를 통하여 문화 간 소통의 가능성을 살피고, 계층 간 소통의 범주를 세분화 시켜나가려는 노력이 필요하다. 이들이 한국문화 속에서 생활하면서 소통을 위해 무엇이 필요한지를 면밀히 살펴야 할 것이다.

고용노동부 EPS는 시행 7년을 맞으면서 제도 안팎의 다양한 평가들이 이루어지고 있다. 제도시행 초창기에 비하여 제도적인 장치들이 보완되어졌으며, 이를 바라보는 타자의 시선 또한 전체적으로 긍정적인 평가를 받고 있다. 하지만 우리사회는 아직도 이들에 대한 근본적인 인식의 전환을 이루지 못하였고, 한국을 방문하는 외국인력 또한 지나친 목적 지향으로 불법체류 등의 각종 사회적인 문제를 양산하고 있는 것 또한 사실이다. 이러한 문제점은 문화교류 상호주체간 그 책임소재를 구분하려는 모습 이전에, 한국문화를 매개로 소통하려는 문화교류 주체로서 우리의 문제점을 먼저 생각해 보게 한다. 우리는 한국문화를 가지고 소통하고자 하는 의지를 표명하였고, 이를 위해 그들을 초대하였다. 다양한 한국방문목적에 맞게 그들이 한국문화를 매개로 소통하는데 무엇이 필요한지를 면밀히 살피고, 이를 위하여 우리가 무엇을 준비하여야 하는지를 세밀하게 준비해야 한다.

　외국인 근로자는 입국한 날로부터 5년의 범위 내에서 취업활동을 할 수 있다. 제도시행초기 입국한 외국인근로자가 귀국해야 하는 시점을 지나면서 조금씩 불법체류의 문제점들이 대두되고 있으며, 이들의 귀국을 유도하면서 새로운 인력을 수급하는 순환구조를 만들어 나가야하는 과제를 안게 되었다. 이를 위해 한국생활의 성공담을 중심으로 귀국을 유도하는 프로그램이 다각적으로 진행되고 있으나 실효적인 부분에서 근본적인 성과를 거두지는 못하고 있다. 현재 국내에 거주하고 있는 외국인 근로자를 자국으로 돌려보내는 문제도 중요하지만, 향후 제도를 확대 실시해 나가야 하는 시점에서 입국예정 인력들을 대상으로 한 홍보가 함께 이루어져 나가야 한다는 목소리가 설득력을 가진다. 입국 전에 한국에 대한 정보를 수집하고, 한국문화에 대한 이해를 높이고, 이를 바탕으로 한국어와 한국생활에 대한 적응력을 높여야 한다는 것이다. 입국 전에 한국생활에 대한 철저한 사전준비를 통해 본인이 한국 생활 후 귀국 이후의 목표의식까지 가지게 함으로써 성공적인 귀국이 이루어질 수 있도록 유도해야 한다는 것이다.

　고용노동부가 제시하고 있는 향후 정책방향은 그동안 제시되었던 문제점들을 포괄적으로 포함하고 있는 듯하다. 우선 그동안 사업주와 고용인 간의 의사소통에 가장 문제가 되었던 한국어능력을 높이기 위하여 그 평가기준을 강화해 나가겠다는 점이다. 형식적인 자격검정이라는 비판을 받아왔던 한국어능력검정시험$_{EPS-KLT}$의 평가기준을 보다 실효적인 방향으로 적용해 나가겠다는 것이다. 또한 그동안 저 숙련 노동시장에만 외국 인력을 고용해왔던 방식에서 제조업으로 점차 확대 실시해, 기능공을 공급받기 위한 기능테스트를 강화하겠다는 점, 그리고 외국인근로자의 생활환경 개선을 위한 지원센터확대, 문화행사 및 지역순회서비스 지원, 외국인근로자 직업능력개발 지원 등을 제시하고 있다. 이와 함께 귀국지원 프로그램을 강화하기 위하여 그들이 귀국 후에 자국에 성공적으로 정착하기 위한 시스템을 지원해 나가겠다는 것이다.

향후 외국인 근로자의 근무여건을 개선하고, 한국의 생활을 바탕으로 보다 발전적인 지향점을 만들어 나갈 수 있도록 하겠다는 점은 긍정적으로 판단된다. 그동안 대두되어진 문제점들을 외국인의 시각에서 개선책을 만들어 나가겠다는 점도 긍정적이다. 이러한 제반의 문제점을 해결해 나가기 위한 내·외부적 제도개선의 중요한 포인트는 우리의 입장뿐 아니라 그들의 입장에서 어떻게 한국생활을 적극적으로 활용하고, 그들이 원하는 목표를 이룰 수 있도록 하느냐에 달려있다. 그들의 성공적인 한국생활을 위하여 서로가 노력해야 할 부분이 있다는 것이다.

우리는 우리가 할 수 있는 노력이 어디 있는지를 면밀히 검토해야 할 것이다. 그들이 한국생활을 포함한 인생의 전반적인 청사진을 그릴 수 있는 기회를 제공한다는 측면에서 우리가 그들과의 교류에서 무엇을 얻고자 하는지에 대한 고민과 함께 우리가 할 수 있는 것들이 무엇인가를 보편적인 시선으로 살피는 것이 중요하다. 이러한 맥락에서 현지에서 한국문화를 접하고 이해할 수 있는 기회를 넓혀 상호간 문화적 충격을 완화해 나가겠다

는 '현지한국문화교육 강화프로그램'은 한국문화를 매개로 그들
과 소통하고자 하는 의미를 다시금 되새기면서 이러한 틀을 어떻
게 만들어나갈지에 대한 답을 찾으려 노력해 나가려는 의지로 해
석할 수 있을 것이다.

3) 해외 한국문화교육의 필요성

고용노동부의 EPS는 단순히 정부차원의 노동인력 수급제도로
만 바라보기에는 국제사회와 문화적인 교류를 확대해 나가고 있
는 시점에 우리사회 내부의 구조적인 문제와 연계되는 부분이 많
다. 문화 및 문화교류의 관점에서 문화는 일상의 수요를 바탕으
로 현재 시점에서 발전적인 지향점을 찾는다. 우리사회는 지금
이러한 외부와의 접촉 및 교류를 통하여 우리사회의 문제점을 극
복할 만한 기회를 가지고 있다.

국가 간 문화교류를 위한 우리사회의 사회적 필요를 고찰하기
위하여 고용노동부의 EPS를 살펴보았다. 글로벌시대, 다문화사
회를 지향하는 시점에 한국문화는 한국 사회의 단면들을 현재적
으로 설명할 수 있어야 하며, 이를 통하여 세계와 소통할 수 있는
기회를 가질 수 있을 것이다. 한국문화가 가지는 내재적 가치를
현재 시점에서 해석하기 위하여 타자의 시선에서 우리의 모습이
어떻게 드러나는지를 겸허하게 받아들일 필요가 있으며, 이는 또
한 우리가 상대방과 적극적으로 소통할 수 있는 자신감을 만들어
줄 수 있다. 고용노동부 EPS의 예에서 볼 수 있었던 것처럼 우리

문화에 대한 자기성찰을 통하여 현재시점의 한국문화의 내·외적 가치를 규정하고, 우리사회의 부족한 부분을 채워나가려는 노력이 병행되어야 할 것이다. 이러한 단면들의 합을 전체적으로 설명하려는 노력들이 한국문화의 글로컬화를 위한 과정으로 이해될 수 있을 때 고용노동부가 제시하고 있는 향후정책방향이 의미를 가진다고 할 수 있다. 외국인근로자의 국내체류 여건 개선과 동시에 한국어와 한국문화에 대한 이해를 높일 수 있는 기회를 해외현지에서 보다 폭넓게 제공해 나가겠다는 계획은 적극적인 문화교류 및 소통의 의지로 해석할 수 있다. 이는 또한 한국문화의 글로컬화 가능성을 준비해 볼 수 있는 기회이다.

우리는 역사적인 자부심을 가지는 한글을 가지고 있고 유구한 문화전통을 가지고 있다. 우리의 문화는 각 시대가 요구하는 시대정신을 반영하면서 주변문화와의 무한경쟁을 통하여 그 가치를 인정받으면서 현재에 이르고 있다. 한국문화의 정체성에 관한 논의는 다른 문화콘텐츠분야에서 심도 깊게 논의되고 있다. 문화교류의 실체로서 한국문화를 어떻게 규정하느냐의 문제는 문화의 정의만큼이나 쉬운 일이 아니다. 이처럼 실체를 규명하기 어려운 문화의 유형화 문제를, 브랜드라는 용어와 함께 구체적인 상품으로 기획해 나가려는 노력 또한 한국문화 해석의 일환이다. 분명 전략적 측면의 소통을 위하여 현재 시점의 한국문화를 도식화할 수 있는 틀을 가져야 한다는 필요를 가지면서도, 우리사회의 현상들을 보편적으로 설명하려는 노력이 우선되어져야 하지 않을까 하는 우려가 생기는 것도 사실이다. 그렇다면, 현재 시점에서 우리의 문화가 요구하는 시대정신과 가치는 무엇일까? 우리는 분명 이러한 문화적 전통과 언어를 가지지 못하는 문화권보다는 유리한 입장에서 경쟁할 수 있다.

필자는 21세기 문화의 가치를 관계와 소통에 두고, 문화교류의 관점에서 한국문화를 규정하고 있다. 21세기 한국문화는 다른 문화와의 관계 속에서 소통을 만들어 나갈 수 있어야 한다는 점을 강조하고 있다. 즉, 한국문화상품의 열기가 고조되면서 해외 현지에서 한국어와 한국문화에 대한 관심이 높아지고 있는 시점에 우리가 이러한 현상들을 어떻게 바라보고 발전적인 지향점을 만들어 나가야할지에 대해서 복합적으로 고민해 보아야 할 것이다. 이러한 맥락에서 해외현지 한국어·한국문화교육에 대한 방향을 모색해 나가야 한다.

2009년 국가브랜드위원회 1차 보고대회 이후, 한국어·한국문화보급사업의 해외 거점 역할을 하고 있는 세종학당은 그동안 정부 부처 간 한국어보급 및 한국문화보급사업의 업무중복을 단일화하고, 전 세계 한국어보급기관을 국가단일브랜드로 추진해 나가겠다는 정부의 의지로 파악된다. 국가이미지를 브랜드의 관점에서 논할 수 있느냐의 문제는 단순히 상업적인 논리와 결부되는 문제만은 아니다.

사이먼 안홀트S. Anholt와 키스 디니K. Dinnie가 설명하고 있는 국가브랜드 지수나 전략적 관리방안은 국가이미지를 지나치게 상업적으로 도식화한다는 맥락에서 분명 재고되어야 한다. 또한 우리가 국가브랜드 제고를 통하여 얻고자 하는 지향점이, 본고에서 이야기하고 있는 것과는 맥을 달리한다고 할 수 있다. 하지만 문화 간 소통을 위한 방법론의 측면에서는 우리문화를 구체화시키고, 현재 시점에서 내면의 가치를 성찰할 수 있는 기회를 가져야 한다 점은 의미를 가진다.

아래의 표는 키스 디니가 제안하고 있는 '국가브랜드의 전략적 관리방안'으로 문화적 자산의 연동을 도식화한 것이다. 한국문화의 정체성, 문화교류의 필요성, 타자를 바라보는 우리의 시선, 우리를 바라보는 타자의 시선 등 앞서 설명한 문화와 정체성의 개념을 연계하여 바라보면 도식화 자체에 큰 문제점이 보이질 않는다. 중요한 점은 우리가 이러한 일련의 작업들을 통하여 마케팅관점에서 브랜드지수를 높이려는 계량화된 노력보다는, 보다 근원적인 문화교류의 의미 찾기와 함께 상위개념의 아젠다로서 문화교류의 목적의식을 만들어 나가는 것이다.

카테고리 플로우 모델(Category Flow Model)

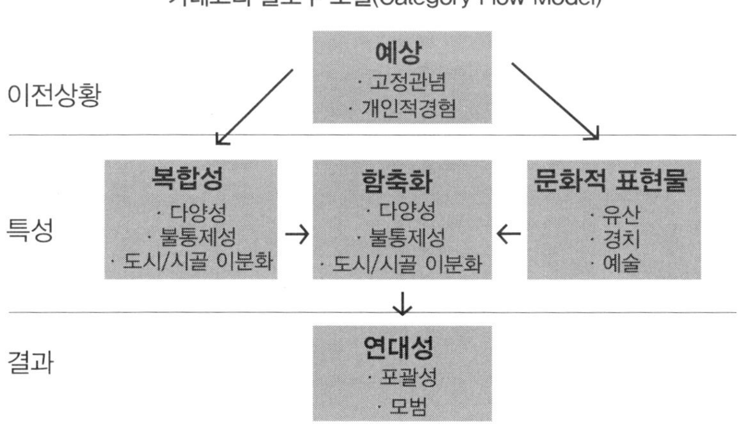

국가의 정책지표와 아젠다 설정은 사회적 수요와 필요를 복합적으로 구현 할 수 있는 방향을 제시한다. 2009 국가브랜드위원회 우선 추진과제는 국가브랜드 제고라는 측면에서 우리가 수행해야할 목표를 담아내고 있고, 실질적으로 2009년 이후 각 분야별로 국가경쟁력을 높이기 위한 노력들이 진행되어 왔으며, '문화를 통한 국가브랜드 제고 방안'이라는 측면에서 한국어·한국문화보급의 당위를 실천하려는 노력들이 진행되어져 왔다. 하지만 국가이미지를 브랜드와 결부시키는 과정에서 우리가 지나치게 계량화된 성과위주의 정책방안만을 구상했던 것은 아닌지에 대해서는 냉정히 검토해 보아야 할 것이다.

국가브랜드위원회 1차 보고대회 우선추진 10대 과제

1. 한국과 함께하는 경제발전
   Shaping the Future with Korea

2. 세계 학생 교류
   Campus World: Global Korea Scholarship, CAMPUS Asia

3. 해외봉사단 통합 브랜딩
   Korean Supporters

4. 재외동포 통합 네트워크 구축
   Global Korean Network

5. 한국어 보급 확대 및 세계화 // 태권도 명품화
   세종학당 // Enjoy Taekwondo

6. 글로벌 시민의식 함양
   Global Citizenship

7. 대한민국 명품 브랜드 발굴 및 홍보
   Advanced Technology & Design Korea

8. 따뜻한 다문화 사회 만들기
   Rainbow+ Korea

9. 디지털로 소통하는 대한민국 만들기
   Friendly Digital Korea

10. 국가브랜드 지수 개발, 운영
    Korea Brand Index

위의 국가브랜드위원회 1차 보고서에서 보면 5항목인 한국어 보급 확대 및 세계화의 측면에서 세종학당의 확대실시를 말하고 있으나, 각 항의 구분에서 가지는 한국어보급의 의미와 현 시점에서 한국어의 수요와 한국어교육의 필요성, 그리고 이를 위한 한국문화와의 관계 등을 복합적으로 설명하기에는 구분의 한계를 가진다. 실질적으로 2009년 이후 실시되어온 세종학당의 경우, 양적인 측면에서 역할 모델로 삼고 있는 각 국가들의 자국문화보급사업과 경쟁할 수 요소들을 갖추는 데 초점을 맞추면서 진행이 되어왔다. 하지만 세종학당 설치지역의 확대, 교육인프라 확대 등의 해결책만으로 우리가 전 세계를 대상으로 왜 한국어를 보급하려 하는지에 대한 당위성조차 설명하지 못하고 있다. 특히, 일부 한국어보급과 관련된 내용에서 한국어의 과학적 우수성을 알리고, 이것으로 한국어보급의 당위를 찾으려는 노력이 이어지고 있는데, 이는 문화를 통한 소통의 맥락에서 분명 방향을 잘못 잡고 있는 것이다.

우리가 전 세계를 상대로 한국어와 한국문화를 보급하려는 취지는 한국문화를 중심으로 세계와 소통할 수 있는 가능성을 찾고 이를 위한 구체적인 활동으로서 언어보급 사업을 전개해 나간다는 측면을 간과해서는 안 될 것이다. 우리의 언어보급사업이 우리의 언어를 배우려는 사람들에게 시혜적인 측면에서 다루어질 것이 아니라 그들과 소통할 수 있는 적극적인 기회를 함께 마련해 나간다는 측면에서 이루어져야 할 것이며, 이를 위해 해외현지의 세종학당은 각국의 문화를 이해하고, 그들이 한국어를 소비하는 형태를 좀 더 면밀히 관찰할 필요가 있다.

3. 미디어와 문화체험

1) 한국문화체험의 층위

드라마 〈대장금〉 이후의 한국문화콘텐츠의 소비구조를 보면, '엔터테인먼트콘텐츠드라마 · 한국음식체험콘텐츠전통음식 · 한국어콘텐츠한국어교육 · 관광콘텐츠국가방문의사'의 순으로 소비가 일어나는 것으로 나타났다. 문화 간 교류의 과정이 '만남-교감-공감-호감'의 사이클로 이루어진다고 설명할 수 있을 것이며, 이는 소비자의 문화적 동기, 호기심, 목적 등이 순환구조를 만들어가면서 실질수요계층으로 그룹화 되고 있음을 보여 준다. 이는 '미디어콘텐츠-한국문화체험 콘텐츠직 · 간접, 일상-어학교육-한국문화인프라체험직접, 일상 · 전통'의 관계로 다시 한 번 정리할 수 있다.

시 · 공간 층위 구분에 따른 문화의 개념

구분하는 양식의 특성을 중심으로 사회를 구분하는 전통적인 기준정치, 경제, 사회, 문화과 달리, 문화로 사회제도 속 현상들을 설명하는 것은 각 분야에서의 인간의 행동을 중심으로 사회제반현상을 설명한다고 할 수 있다. 위의 도식에서 보여주고 있는 (a)의 문화의 개념은 사회를 구성하는 제반현상과 인간과의 관계를 설명하는 요소들의 합으로 설명되어질 수 있다. 문화는 현재 사회전반의 모습을 반영하며, 인간이 활동하는 모든 영역의 요소들을 포함하고 있다. 위의 표에서 범위가 좁아지고 원점으로 향할수록 가장 핵심적인 문화의 가치를 지향한다고 할 수 있다. 역으로 문화는 이러한 모든 사회적 제반현상을 설명할 수 있어야 한다. 따라서 (a)의 문화의 개념은, 문화적 수요군의 문화의 개념과는 구분된다고 할 수 있다. 이러한 맥락에서 우리가 예술·엔터테인먼트분야의 전통적인 문화양식의 설명으로 현재 시점에서 문화콘텐츠의 범주를 축소·규정하는 것은 재고의 여지가 있다. 또한 각 분야별 특성에 맞는 문화콘텐츠는 사회가 지향하는 핵심적인 문화가치의 숙지와 함께, 영역별 특성을 특색 있게 설명할 수 있는 요소들을 개발해 나가야 할 것이다.

(b)와 (c)의 공간적, 시간적 층위는 현재적 시점의 분야별 다양성과 역사성을 나타낸다. 예를 들어 한국인의 음식문화(식)는 같은 공간의 개념에서 다양성을 나타낸다. 한국인의 음식문화를 정의할 수 있는 요소들은 많이 있다. 이는 위의 그림에서 설명하고 있는 것처럼 범주화와 지향성의 문제로 논의되어질 수 있다. 한 문화권내의 다양한 개별행위들은 그 유사성의 정도에 따라 동

일그룹으로 묶을 수 있고 이는 또한 유사한 행위들과의 연속적인 묶음으로 다시 연결되어져 하나의 문화권을 이룬다. 시간층위에 의한 역사성은 현재문화를 설명하는 연속성으로 설명할 수 있다. 문화의 현재화 관점에서 역사성은 일상문화를 설명할 수 있다.

위의 그림에서 원점으로 향하는 층위의 값들은 적극적으로 사회제반현상을 해석하려는 통합적인 의지로 말할 수 있다. 층위의 문제가 중요시되어지고 있는 이유는, 가장 한국적인 문화의 의미와 연결된다. 문화권내의 모든 요소들은 중앙 문화권의 핵심가치를 지향하면서, 그룹 간 공통성을 만들어 나간다. 이처럼 그룹 내 요소들은 핵심가치를 향한 지향성을 가지면서도, 다양한 분포를 요구하고 있다. 이는 문화권 영역의 문제이다. 전 세계적으로 퍼져있는 '화교문화권'의 예가 이를 말해주고 있다. 중앙의 문화적 가치를 중심으로 얼마나 광범위한 범위를 차지할 수 있느냐는 문화의 다양성과 포용력을 표상한다. 이는 우리가 '한국문화의 세계화'를 지향하고 있는 시점에서 한국문화의 핵심 가치를 잃지 않으면서도, 문화적 포용력을 넓혀나가야 하는 당위의 문제이다. 이는 또한 편중된 문화인식에서 탈피하고, 문화권내의 분야별 개별수요를 전체적인 문화·사회적 수요로 인식하고, 포용하려는 노력이 필요함을 보여주고 있다.

이러한 맥락에서 문화체험(d)은, 문화 간 이해와 소통, 그리고 문화 간 소통을 통한 문화권 영역의 확장에 직접적으로 작용한다. 한국문화를 둘러싼 문화수요는 다양한 개인들의 수요를 바탕으로 전개된다. 개별수요는 개별 상황에 맞는 미디어를 중심으로, 한국문화를 직·간접으로 체험한다. 따라서 이들과의 관계를 한국문화권내의 관계로 포용해 나가는 것은, 한국문화의 범위를 확장해 나간다는 의미로 받아들일 수 있을 것이다. 문화체험은 호감을 가지고 접근하는 개별수요가 편중된 인식을 갖지 않도록 하는 것이 중요하다. 체험은 딜타이가 말하고 있는 바와 같이 문화 간 이해를 위한 실천과 행위의 과정이다. 즉, 이러한 한국문화체험의 행위를 통하여 한국문화를 이해하고 받아들인다. 개별한국문화체험은 전체적인 한국문화를 설명할 수 있어야 한다. 이는 또한 분야별 문화콘텐츠의 방향성을 제시한다고 하겠다. 하나의 체험이 핵심적인 한국문화의 경험임과 동시에, 문화권내 다른 현상들을 설명하는 콘텐츠로 연결될 수 있어야 할 것이며, 그 관심을 유사그룹으로 넓혀나갈 수 있는 연결고리를 가지고 기획되어야 할 것이다.

위의 그림에서 설명하고 있는 것처럼, 미디어(e) 는 문화와 인간을 매개하면서, 한 문화권을 구분하고 객관화시킨다. 국가간·지역간 구분의 개념이 엷어지고 있는 것은 이처럼 시대의 미디어가 탈국가화, 탈지역화하고 있기 때문이다. 또한 미디어는 문화 간 소통을 위한 역할에 여전히 절대적인 의미를 가지고 있다. 위의 그림에서 국가 간 문화교류의 맥락을 시장경제의 논리에 맞추어 보면, 미디어는 시장의 의미로 치환하여 볼 수 있다. 즉, 사람이 모이고, 경제활동을 비롯한 모든 제반활동이 이루어지는 공간의 의미로 받아들일 수 있을 정도로 현대미디어는 그 개념을 확장해 나가고 있다.

　이러한 관점에서 문화체험과 문화콘텐츠는 이러한 미디어의 시장에서 개별수요자가 물건을 사고 팔 수 있는 상품이나 목적의 개념으로 설명될 수 있다. 하지만 미디어는 단순히 경제활동만을 위한 공간이 아니라는 것을 상기해야 한다. 미디어는 이러한 상거래를 위한 장소제공의 의미만으로 존재하지 않는다. 전체적인 맥락에서 복합적인 문화교류의 장으로서 미디어는 상호교류 속에서 균형과 상호발전을 위한 다양성을 추구해야 할 것이다.

　한국문화체험의 층위는 한국 사회 제반구성요소들의 역할과 위치를 이야기하고 있다. 문화로 사회를 설명하는 것은 우리사회의 일면만을 보여주기 위함이 아니다. 그동안 한류 등의 분위기는 글로벌 환경에서 한국문화로 소통할 수 있는 가능성을 모색했던 시대로 규정한다면, 그 가능성이 검증된 문화권을 중심으로 실질적인 문화소통의 단계로 들어가야 한다. 문화 간 소통을 위한 준비는 문화권내 소통이 먼저 이루어져야 함은 재론의 여지가 없다.

　이러한 맥락에서 한국사회의 문화교류를 위한 문화·사회적 수요를 먼저 고찰하였다. 문화 간 문화교류가 실질적으로 이루어지고 있는 분야를 중심으로 개별 분화권 내부의 문제를 해결해 나가려는 노력이 중요하며, 이를 위한 문화체험의 인식이 확대되어야 할 것이다. 또한 현재 시점에 맞게 한국문화를 전체적으로 설명할 수 있는 방법론적 관점에서 문화콘텐츠의 활용을 고민해야 할 것이며, 또한 이를 위해 분야 간 연계방안도 중요하다. 분야별 개별 미디어콘텐츠는 문화소통의 시대에 우리가 문화로 일상을 설명하려고 한다는 시대정신을 잊어서는 안 될 것이며 상호

간 문화의 언어로 소통하려는 의지를 확인하고, 이를 위한 문화
교육, 문화체험의 방법론이 구체적으로 논의되어야 할 것이다.
이와 함께 분야별 특성에 맞게 미디어의 개념을 받아들이고, 문
화체험을 활성화시켜나가는 구체적인 대안모색이 필요하다.

2) 미디어를 통한 한국문화 공유영역의 확대

우리는 미디어를 통하여 다양하게 존재하는 문화적 경험들을
일상 속에서 체험한다. 전술한 바와 같이 뉴미디어기술의 발달은
이러한 미디어체험의 범주를 탈시간화, 탈공간화시키고 있다. 폴
하퍼P. Hopper는 마뉴엘 카스텔M. Castells의 네트워크 이론network theory을
통하여 인터넷의 등장 이후 전 세계적인 커뮤니케이션 환경의 변
화를 설명하고 있다. 20세기 동안 커뮤니케이션이론은 '일대 다'
개념의 소통양식을 통하여 'S-M-C-R-E'의 구조 속에서 송수
신자의 구분을 만들고, 메시지 전달의 측면을 강조한 소통이론이
었다. 이는 대중미디어가 메시지의 전달에 초점을 맞추면서 발전
해 왔다는 반증이기도 하다. 하지만 20세기 후반 이후 인터넷의
등장은 전 세계 커뮤니케이션 환경을 '일대 일', '다수대 다수'의
개념으로 소통방식을 바꾸면서, 커뮤니케이션 공간속에서 소통하
는 주체들의 적극적인 자기참여를 가능하게 하였고, 쌍방향의 관
계와 소통을 통한 새로운 의미생성이 주요한 관심의 대상으로 떠
오르게 되었다.
이와 같이 뉴미디어기술을 중심으로 한 '올드미디어-뉴미디

어'의 혼재 양상은 단순히 한국문화체험의 접근 방식을 다양하게 모색해야 함을 의미하기 보다는 미디어와 문화체험의 개념을 다시금 인식하고, '미디어체험'과 '미디어를 통한 체험'의 개념을 보다 유기적으로 활성화시켜나갈 수 있어야 한다는 점을 보여주고 있다. 즉, 달라진 커뮤니케이션 환경 속에서 한국문화에 접근하는 외국인들이 어떻게 한국문화를 체험할 수 있도록 할 것인가의 문제 이전에, 과연 그들과 한국문화를 매개로 어떠한 관계와 소통을 만들어 나갈 수 있을 것인가의 원론적인 물음을 먼저 살펴보아야 할 것이다. 인터넷으로 연결된 미디어 네트워크 공간속에서 소비자는 '생산과 소비'의 행위를 동시에 수행하면서 자신이 가지고 있는 정보가 공유될 수 있는 환경을 지향한다.

팟캐스팅의 공간 속에서 교류주체들은 더 이상 일방적인 정보전달의 소통양식을 지향하지 않는다. 즉, 한국문화를 매개로 타문화권과 소통이 가능하다는 것은 얼마나 한국문화가 상대 문화와의 관계와 소통 속에서 서로가 만족할 수 있는 정보와 의미를 생성해 낼 수 있을 것인가의 문제이다. 대중미디어가 뉴미디어 환경 속에서 함께 존재할 수 있는 요인은 단순히 대중미디어의 막강한 인프라 속에서 아직도 이들의 소통양식이 유용하다는 측면보다는, 뉴미디어 환경 속에서 대중미디어가 제공할 수 있는 정보의 의미를 뉴미디어 네트워크 환경에 맞게 수용자 입장에서 제공할 수 있을 때 의미를 가진다.

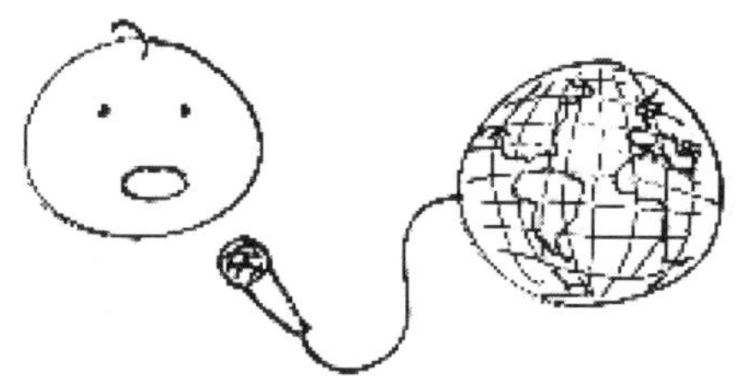

이처럼 한국문화와 한국문화체험의 개념은 더 이상 그 원형성만을 강조하면서 한국문화와 교류하려는 상대에게 일방적인 메시지만을 전하려고 하는 소통방식에서 벗어나는 것이 중요하다고 할 수 있다. 네트워크화된 미디어 공간에서 한국문화체험의 요소들이 수용자 입장에서 그들이 원하는 새로운 문화적 경험들로 작용할 수 있어야 하며 올드미디어와 뉴미디어가 혼재하는 복합적 미디어상황에서 관계와 소통을 통하여 새로운 의미를 생성해 낼 수 있어야 한다는 점을 고려해야 할 것이다.

이러한 미디어 네트워크 환경의 이해는 단순히 한국문화체험의 유형을 수용자입장을 고려해야 한다는 측면만을 말하지는 않는다. 우리는 현대 미디어 네트워크 환경이 제공하는 탈시간, 탈공간의 개념을 활용하여 한국문화를 매개로 한 문화 간 소통의 가능성을 구상해 볼 수 있다.

한국문화를 통한 문화 간 소통의 가능성은 한국문화가 얼마나 다양한 문화적 환경 속에서 그 본원적 의미를 상실하지 않으면서, 특성화시켜 나갈 수 있을지에 대한 고려가 이러한 가능성의 맥락을 의미 있게 할 수 있을 것이다. 바꾸어 말하면 한국문화와 한국문화체험이 얼마나 열린 공간 속 다름과의 교류 속에서 새로운 의미를 만들어 낼 수 있을지에 대한 고민이 선행되어야 한다는 것이다. 이는 우리가 가진 문화적 자산과 미디어 자산을 중심으로 새로운 커뮤니케이션 공간 속에서 관계와 소통의 층위와 위계를 만들어 낼 수 있는 통합적 사고를 요구하고 있다고 할 수 있다.

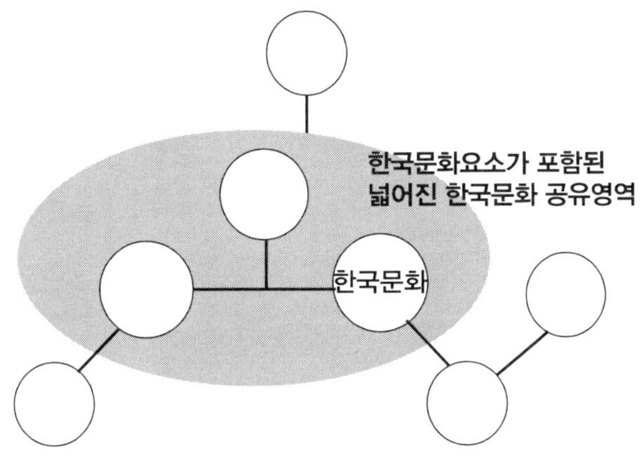

위의 도식은 대화와 친교영역 확대의 차원으로 해석해 볼 수 있을 것이다. 올드미디어와 뉴미디어가 혼재하는 현재의 복합적 미디어상황은 문화교류의 영역에서 그 쓰임과 활용에 따라 층위와 위계를 구분해 볼 수 있다. 즉, 올드미디어는 한국문화를 보다 생생하게 전달하는 몰입의 상황 속에서 한국의 현재 모습을 설명할 수 있는 비매개의 영역에서, 그리고 뉴미디어는 대화의 창에 참가한 교류주체들과 이러한 주제를 가지고 적극적인 대화를 만들어 나가는 하이퍼매개의 기능을 할 수 있다. 하지만 이러한 기술적 특성은 교류주체들이 적극적으로 대화하고 교류하려는 의지를 동반할 수 있을 때 그 가치가 생성될 수 있다.

이러한 소통방식의 문제는 현재 시점에서 가치구현의 구체적 방법론을 제시하면서 그 가능성을 말하고 있지만 대화를 통한 친교의 가치를 설명하는 인간중심의 진정성까지 '미디어-미디어'의 관계가 만들어주지는 못한다. 이처럼 구상화된 미디어 상황 속에서 우리가 지향하고자 하는 '한국문화를 매개로한 문화 간 소통의 가능성'의 문제는 '인간-인간'의 관계속에서 본원적인 가치 교환의 맥락에서 다루어져야 한다.

국가 간 문화교류의 영역에서 올드미디어-뉴미디어가 혼재하는 모습은 한국문화를 중심으로 교류하는 주체들이 가지는 기술력의 배경을 구분하기도 한다. 하지만 달라진 미디어환경은 더 이상 이러한 기술력의 차이를 관계 간 소통의 장애물로 인식하지 않는다. '관계의 소중함', '소통의 의지' 따라 기술력은 충돌하기도 하고, 융합하기도 한다. 교류하는 개별상황에 맞는 미디어전략과 함께 한국문화체험을 통하여 우리가 그들과 나누고자하는 진정한 가치가 무엇인지에 대한 고민이 필요한 때이다.

IV

한국
문화의
글로컬화를
위한
미디어콘텐츠
기획론

문화융합을 위한 미디어는 미디어기술을 통한 구현의 문제만큼이나, 실질적으로 문화융합을 만들어가기 위한 개별문화의 분절적 의미화도 중요하다. 이는 개별문화권이 문화절체를 통하여 일상의 요소들을 의미단위로 구분하려는 노력과 함께, 개별문화권의 정체성을 확립해 나가는 문제와 연결된다. 우리는 한국문화의 정체성확립을 위하여 역사 속에서 문화적 자부심을 갖기 위한 작업을 진행해 왔다. 일상과 전통의 가치를 연결하기 위하여 체험학습의 장을 마련하고, 보다 친밀하게 다름과의 대화를 시도하고 관계와 소통을 넓혀나가고 있다. 이러한 노력들 속에서 비교적 짧은 시간 안에 가시적인 성과를 만들어내고는 있지만 아직도 우리의 일상을 전체적으로 설명하기 힘든 부분이 너무도 많다. 또한 가족, 세대, 지역 등 너무도 밀접하게 우리의 일상과 연관되어 있는 관계와 소통을 설명할 수 있는 문화적 공감대를 형성하는데 어려움을 겪고 있는 것 또한 사실이다. 그리고 언젠가부터 우리는 또 다른 다름과의 동거를 진행 중이다.

'밥을 함께 먹을 수 있는 관계'는 우리에게 무슨 의미일까? 내가 지금 왜 이 사람과 밥을 함께 먹고 있는가의 질문 속에는 많은 문화적 관계들이 포함되어 있다. 그것이 선천적으로 주어진 관계이든, 사회적으로 만들어진 관계이든, 중요한 것은 '지금 나는 이 사람과 함께 밥을 먹고 있다'는 것이다. 밥을 먹는다는 행위에 중심을 두고, 생물학적인 본능에 충실한 '그저 밥을 먹어야 하기 때문에'의 명제는 관계와 소통의 관점에서 기계적인 소통의 전형이라고 할 수 있다. 이러한 행위를 통하여 무엇을 얻을 수 있을 것인가의 질문은 '밥을 먹는' 행위를 매개화시킨다. 그렇다면 이제 '무엇을 먹어야 하는가?'의 문제와 '어떻게 먹어야 하는가?'의 차원에서 생각해 볼 차례이다. 그리고 '우리가 누구와 밥을 먹은 후에 얻을 수 있는 것이 무엇인가?', 그리고 '밥을 먹고 난 이후의' 우리는 어떤 모습일지에 대하여 생각해 보아야 할 것이다. 우리의 일상적인 행위를 고찰함으로서 실천적인 대안을 찾는 방향을 모색할 수 있다.

1) 신한류의 흐름과 외국인의 문화수용태도

한국대중문화가 유투브를 비롯한 전 세계 뉴미디어 환경에서 새로운 열풍을 일으키고 있다. 그간 한류를 이끌었던 한국대중문화콘텐츠가 스타마케팅을 내세운 엔터테인먼트콘텐츠K-POP, 드라마, 영화 등를 중심으로 다시 한 번 그 흐름을 이어가고 있다. K-pop을 중심으로, 소위 '신한류'가 해외에서 성공할 수 있는 요인을 소셜미디어의 활용, 모방문화의 형성, 현지화 인식의 확대에서 찾고 있는 시각은 기존의 한국대중문화콘텐츠가 뉴미디어기술과의 결합으로 그 영향력을 넓혀가고 있는 시점에 한국형 문화콘텐츠의 현주소와 지향점을 말해주고 있는 듯하다.

한국형 스타마케팅 및 스타육성시스템은 한류의 발전과 그 맥을 함께했다 해도 과언이 아니다. 1990년대 중반부터 한국의 대중문화가 산업적인 틀을 갖추기 시작하면서 스타시스템에 대한 논의가 본격적으로 진행되었고, 이후 2000년대 들어 대형기획사 주도로 소위 '기획 상품'의 전성기를 맞이하게 되었다. 이후 한국대중문화시장은 철저하게 기획, 관리되는 스타시스템에 의해 주도되고 있으며, 이는 해외시장에서 빠른 시간에 한국대중문화를 확산시키는데도 일조했다. 하지만 지나치게 스타시스템에 의존하는 한국대중문화콘텐츠가 내부적인 성숙이 이루어지지 않은 구조적인 한계 속에서 지나치게 상업적인 판매전략 만으로 새롭게 일고 있는 한류에 부정적인 영향을 미칠 수 있다는 시각도 적지 않다.

최근 SM엔터테인먼트의 파리공연이 언론에 주목을 받으면서 SM의 해외현지화전략이 새롭게 조명되고 있다. SM엔터테인먼트가 현지화전략에서 말하고 있는 문화기술이론이나, 한류 3단계 발전론은 해외현지화전략의 새로운 모델이라기보다는 그동안 지적되었던 한류콘텐츠의 지속가능한 산업적 모델을 구체적으로 구현하는 기회를 가졌다는 측면에서 의미를 가진다. 하지만 문화교류의 의미가 단순한 산업적인 모델제시의 차원을 넘어서기 위해서는 비즈니스 일방의 차원을 넘어서서 관계형성과 동질성 회복의 관점에서 보다 관계지향적인 현지화전략, 즉 글로컬라이제이션의 개념이 필요하다.

미디어기술의 발전과 함께 조성되어지고 있는 새로운 개념의 초국가적 미디어 환경에 대한 이해와 함께 개개인의 문화적 소비욕구에 맞게 생산과 소비를 동시에 이루어내기 위하여 소비자 집단의 문화소비행태 및 패턴을 파악하는 것이 해외 현지화 전략을 구상하는데 무엇보다 중요하다. 세계시장의 문화소비를 주도할 수 있는 소위 '킬러콘텐츠'의 의미를, '그들이 무엇을 소비하는가?'와 함께 '어떻게 소비하는가?'의 시각에서 찾아야 할 것이며, 특히 글로컬라이제이션의 관점에서 단순히 현지의 미디어환경 및 문화소비구조를 파악하는 것을 넘어 그들과의 관계에서 생성되는 새로운 수요를 찾아내고, 이를 어떻게 미디어환경에 담아낼 것인가의 노력이 중요하다고 할 수 있다. 이런 맥락에서 뉴미디어환경과 미디어테크놀로지에 대한 이해를 높여가는 것도 중요하며 우리가 디지털의 개념 속에서 찾은 해체와 융합 개념을 콘텐츠의 관점에서 폭넓게 수용하고 활성화시켜나갈 수 있는 방안을 함께 고려해야 할 것이다.

혹자는 한류를 바라보는 시선을 달리할 필요가 있다고 말하고 있다. 한류를 단순한 한국 문화의 전파의 수준을 넘어, 소비국과의 문화적 동질성을 확립하는 과정으로 이해하면서, 한류 확산의 단계를 '콘텐츠의 진출_{새로운 문화 트렌드의 전이}' → '콘텐츠의 소비_{현지 문화와 접목 가능성 확인}' → '새로운 소비문화 생성_{문화의 공감}' → '현지 문화화 혹은 문화의 일반화_{문화의 일체감 형성}' → '지속적 콘텐츠 진출_{문화 교류} 여건 조성'으로 그 개념을 좀 더 확장하여 정리하고 있다. 현지화의 개념을 '문화확산'의 개념을 넘어서서 '문화교류'의 측면에서 다루어야 한다는 인식이 필요한 시점이다.

그간 한류에 대한 논의는 각국에서 자신의 면모를 드러내는 양상과 시차가 다름으로 해서 생기는 입장차를 확인하면서 초기의 격류가 유지될 것인가 하는 기대감과 의구심이 교차하는 가운데 진행되어왔다. 한류의 부상이 가져오는 경제적 효과에 대한 사회적 기대감과 문화의 산업화에 따른 문화의 가치몰락에 대한 우려가 엇섞여 다양한 스펙트럼을 그리고 있는 것이다. 단순히 상업적 논리만을 적용시킨다고 하더라도 수요자인 외국인이 한국 문화콘텐츠라는 상품을 통하여 어떤 만족감을 가지고 있는지에 대해서 냉정하게 생각해 보아야 할 것이다. 현재 우리나라는 미국, 일본과 더불어 주요 대중문화상품 수출국 중 하나이지만, 한류의 미래는 불투명하다. 한류가 유행으로 끝날지, 아니면 지속

가능한 대중문화가 될 수 있을지에 대한 명확한 답변은 나오지 않고 있다. 한류가 지속 가능한 문화가 될 수 있도록 더 심각하게 고민해야 한다는 견해들도 등장하고 있다. 한국문화콘텐츠가 그들과의 관계 속에서 '무엇을', '어떻게' 매개하고 있는지에 대하여 깊이 있게 살펴야 한다. 또한 이를 위한 전략 매개방안, 즉 미디어 매트릭스 구축이 절실하다고 할 것이다.

체험은 수용주체의 입장에서 상대방을 이해하고 받아들이는데 중요한 역할을 수행한다. 문화를 수용하는 과정을 단계적으로 구분하였을 때 타문화 인지의 단계를 소극적인 수용 단계라 할 수 있을 것이며, 이를 바탕으로 행위의 개념과 연결시킬 수 있는 내재적 의식화, 즉 체험 단계는 적극적인 수용 단계라 할 수 있다. 기존 한류의 영향으로 타문화를 인지하는 소극적인 수용 단계가 어느 정도 이루어 졌다고 본다면-물론 아직 한국문화에 대한 초창기 접촉이 이루어지지 않은 국가들도 많이 있다- 그 다음단계의 적극적인 수용단계에 대한 준비가 문화콘텐츠영역에서 다루어져야 할 것이다.

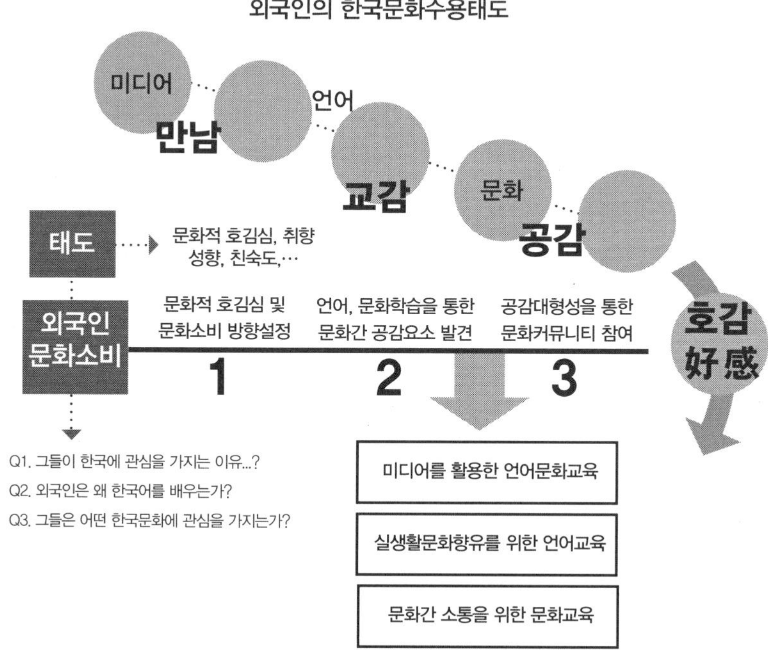

위의 도식은 소극적인 문화인지의 단계를 지나 실질적인 체험이 이루어지고, 이를 통해 문화 간 동질성을 확보해 나가는 문화수용자측면의 수용태도를 '한국문화교육과 한국어교육'의 관점에서 일반적인 개념으로 도식화하였다. 본고에서는 문화교류를 위한 상호 주체 간의 만남이 이루어지는 시공간적 개념들을 본원적인 의미의 미디어로 규정하고 있다. 체험은 상대 문화와의 적극적인 교류를 통해서 현재 자신의 모습을 새롭게 나타내려는 내재된 소통의지의 발현으로 설명할 수 있다. 체험은 문화교류를 통하여 문화 간 동질성을 찾아 나가는 과정에서 매개의 역할을 하게 되며, 개별주체들은 문화욕구 및 수요를 표출하여 '만남-교감–공감–호감'의 사이클을 통하여 이에 대한 만족도를 단계별로 높여 가는데, 이를 상호간 '체험요소의 공동화'라 할 수 있다.

이러한 미디어 환경 내에서 교류주체들 간의 관계를 유기적으로 연결시킬 수 있는 실재가 콘텐츠이다. 즉, 콘텐츠는 교류주체들의 내재화된 문화적 욕구의 내용을 담고 있어야 하고, 상호성을 발전시킬 수 있는 방향으로 작용하면서, 문화수용주체들의 행위를 연결시킬 수 있도록 단계적으로 기획되어야 할 것이다. 우리가 현지화 대상 국가들의 문화코드를 분석한다는 것은 그들과의 적극적인 소통의지를 나타내는 것이다. 이러한 상호간 소통의지를 매개하고, 문화 간 동질성을 공유하면서 관계와 소통의 범주를 확장할 수 있는 미디어 환경을 조성해 나가는 것이 글로컬라이제이션의 첫 걸음이라 할 수 있을 것이다.

괵셀의 '언어·문화적측면의 한국어교육에 대한 연구'는 이러한 맥락에서 시사하는 바가 크다. 그의 연구는, 그간 꾸준히 문제제기가 되었던 국어교육과 한국어교육사이의 목적의식이 다르다는 것을 다시 한 번 확인하고 있다.

외국어교육의 목표가 원활한 의사소통 능력이며, 의사소통 능력을 향상하기 위해서는 그 언어가 사용되는 집단의 문화를 이해하는 과정이 필요하다. 특정한 언어 집단의 사고 및 행동 양식을 익히는 것은 그 언어 집단에서의 의사소통 능력을 향상하는데 큰 도움이 되기 때문이다.

　제2외국어로서 한국어를 공부하는 학생들에게 문화교육의 측면에서 언어교육이 이루어져야 한다는 것은 구태의연한 논리일 수 있다. 하지만 반드시 짚고 넘어가야할 문화교육의 방향성에 관한 부분은 언어·문화 교육적 맥락에서 중요하다. 제2외국어로서 한국어를 습득하고자 하는 학생의 경우, 모국어로서 언어를 습득하는 경우와 달리 상호간의 문화를 이해하는 목적이 다를 수 있다. 의사소통을 목표로 하는 제2외국어교육의 경우 학습자가 가지는 모국어기반의 문화를 중심으로, 습득하고자 하는 문화를 이해하는 차원에서 문화교육이 이루어져야 한다는 것이다. 제2외국어로서 한국어를 학습하는 경우 문화적인 혼란이나 충돌을 방지하기 위한 현지화 전략이 필수적으로 동행되어야 할 것이다. 각 문화권이 가지는 고유한 언어적 특수성을 이해할 수 있는 차원에서 문화 간 근접한 맥락context을 찾아갈 수 있는 노력이 병행되어야 한다. 이를 위하여 개별 문화권이 가지는 미디어환경을 활용한 언어교육이 제2외국어 학습자들에게 보다 효과적일 수 있을 것으로 보인다.

　외국인의 문화수요를 단계적으로 반영할 수 있는 문화콘텐츠 기획 또한 중요하다. 많은 한류의 예를 통하여 알 수 있듯이, 외국인은 실질적으로 문화콘텐츠를 통하여 한국의 문화를 접촉한다. 또한 이를 소비하는 과정에서 한국 및 한국문화에 대한 호감도를 높여간다. 한국인의 시각에서 만들어지는 한국문화콘텐츠는 문화교류의 첫 단계인 '만남의 장場'에서 한국문화의 기본적인 이해를 높이는 수단으로 사용될 수 있다. 하지만 지속적인 교류의 확대를 위해서는 외국인의 시각에서 그들의 문화적 호기심과 수요를 반영할 수 있어야 할 것이며, 그들의 문화 환경 및 미디어를 이해하는 콘텐츠로 소통을 더욱 확대시켜 나가야 할 것이다. 문화교류 주체들 간의 적극적인 소통으로 만들어지는 새로운 미디어 속에서 이를 활성화시킬 수 있는 콘텐츠를 함께 생산하고 소비하는 것이 진정한 문화와 문화교류의 의미이며, 우리가 지금 새로운 문화와 소통하는 이유임을 알아야 한다.

2) 문화적 가치를 공유하는 한국문화의 글로컬화

미디어를 활용한 문화콘텐츠를 체계적이고 효율적으로 관리하기 위하여, 공공영역과 민간영역의 역할분담, 기존 미디어의 효과적인 활용방안 등이 중요하다. 일방적인 문화 확산을 목표로, 한국문화 보급만을 위한 미디어환경을 조성하기보다는, 각문화권이 가지는 미디어시스템을 이해하고, 이를 전략적으로 해외거점 네트워크들과의 교류를 통하여 현지화 전략을 수립해 나가야 할 것이다.

SM엔터테인먼트의 예를 통하여, 산업적 측면에서 현지미디어시스템과의 연계를 통한 전략적 현지거점 확보의 중요성을 확인할 수 있었다. 산업적인 측면에서 한류가 가지는 현실적인 목표를 부인할 수 없는 상황에서 문화콘텐츠의 경제적 가치를 높이려는 노력이 보다 세밀하게 이루어져야 할 것이다. 본고의 논점은 한국문화콘텐츠의 경제적인 가치를 부인한다기 보다 상위개념의 문화적 가치를 설정하고 문화융합의 관점에서 한국문화콘텐츠의 가치를 높여 나가고자 함이다. 아래의 도식은 SM엔터테인먼트의 해외현지화전략을 중심으로 정리한 것이다. 이는 박영일이 제안하는 신한류의 발전모델, 즉 '1단계: 새로운 소비문화 생성문화의 공감'→'2단계: 현지 문화화 혹은 문화의 일반화문화의 일체감 형성'→ '3단계: 지속적 콘텐츠 진출문화교류여건 조성'의 개념을 더하여 설명할 수 있다.

지속가능한 한국문화보급을 위한 단계별 현지화 전략

3단계	· 완벽한 현지화 · 아시아 시장을 목표로 한 문화보급 방안 및 세계시장 진출
2단계	· 합작을 통한 시장진출(협력형) · 현지 네트워크 파트너와의 협력 프로젝트
3단계	· 한국문화의 수출 및 전파(수출형) – 수용자 중심의 문화적 수요를 고려한 한국문화보급 프로그램의 배포

'1단계: 새로운 소비문화 생성문화의 공감'과 관련하여, K-pop의 열풍과 함께 엔터테인먼트콘텐츠영역에서 이슈화되어지고 있는 한국문화콘텐츠의 정체성 논의는, 우리가 문화교류의 상호주체로 문화교류에 참여할 수 있는 본질적인 문제와 연결된다. '한국의 문화가 담긴 콘텐츠인가?'의 문제는 보는 이의 시각에 따라 차이를 보일 수 있다. 이는 '우리는 지금 한국적인 환경에서 살고 있는가?', '우리가 지금 경험하고 있는 것들이 한국문화인가?'의 물

음으로 확대시킬 수 있을 것이며, 이는 우리가 얼마나 한국문화의 정체성을 찾는데 어려움을 겪고 있는지에 대한 반증이기도 하다. 한국문화체험의 개념을 '외국인이 한국에 들어와서 겪는 일상의 문화', '외국인의 시선에서 경험하고 싶은 한국문화'로 규정하고자 했던 것은, 이러한 한국문화 내재적 가치의 문제는 아니다. 중요한 것은 타문화와 교류하기 위한 한국문화의 표면적 가치를 찾으려는 노력과 함께, 현재의 일상문화를 전체적인 맥락에서 한국의 문화로 설명하려는 노력이 필요하다는 것이다. 한국문화의 요인들을 파편적으로 이해하기 보다는, 일상문화를 중심으로 전체적인 맥락에서 범주화하려는 내 · 외부적인 노력이 점진적으로 이루어져야 할 것이다.

'2단계: 문화의 일체감 형성'은 단순히 현지미디어네트워크들과의 교류를 통해 한국문화를 직접적으로 현지수혈한다. 차원을 넘어, 그들과 함께 문화를 교류할 수 있는 공유의 장으로서 미디어를 규정하고, 외국인의 한국문화수요에 맞게 한국문화콘텐츠를 다양화시켜나가며, 이를 현지상황에 맞게 차별적으로 공급해 나갈 수 있는 전략을 구체화시켜야 한다는 맥락으로 이해할 수 있다. 이와 함께 현재의 한국문화를 전체적인 맥락에서 보편적으로 규정하고, 현지화 과정 속에서 한국문화를 발전적으로 해석하려는 문화적 포용력도 중요하다.

'3단계: 지속적 콘텐츠 진출_{문화교류}여건 조성'은 문화교류를 통한 새로운 문화의 수용으로 이해할 수 있다. 더 이상 한국적인 가치만을 현실 속에서 찾기 힘든 시기이다. 한국적인 가치는 우리의 일상을 보편적으로 설명하는 전체적인 흐름 속에서 그 맥을 연결시켜 나가야 할 것이며, 새로움과의 융합을 통하여 그 보편적인 가치를 넓혀 가면서 그 범주를 확장 시킬 수 있다. 이를 위하여 1단계에서 언급했던 것처럼 한국문화의 핵심적인 가치정립이 어느 때 보다 중요하다 할 것이다.

한국문화의 글로컬화가 지향하는 현지화의 의미는 현지문화와의 정서적 교감을 통해 그 의미를 찾을 수 있다. 한국의 홈드라마가 다양한 소재의 미국, 일본 드라마가 성행하던 20세기 후반 중동, 유럽, 남미 등의 지역에서 인기를 얻을 수 있었던 상황을 상기할 필요가 있다. 이는 한국의 가정문화를 중심으로 한 인류보편적인 문화적 정서는 상이한 문화적 전통을 가진 문화권에서도 보편적인 공감대를 얻을 수 있다는 점을 보여주고 있다. 〈대장금〉 등의 사극이 대표적인 한류드라마로 자리매김할 수 있었던 이유가 그 형식이 가지는 한국적인 특성이기 보다는 그 속에 그려지는 한국인들의 삶이 모두가 공감할 수 있는 보편적인 인간애人間愛를 다루고 있었다는 점, 그리고 이것이 언어, 문화적인 차이를 넘어서고 있다는 점을 상기할 필요가 있다.

이렇듯 한국문화의 글로컬화는 좀 더 인류보편적인 정서를 바탕으로 문화의 속성을 이해하고 상대 문화와의 관계 속에서 문화적 공감대를 넓혀가려는 노력을 보여야 할 것이다. 이는 또한 문화기술CT의 방향이 이제는 좀 더 '상호문화가 인물 중심의 정성적인 융합을 이룰 수 있는 기술'에 의미를 두어야 함을 말하고 있다. 한국문화가 가진 인류사적 보편가치를 찾고, 상대 문화의 표상 속에서 같은 맥락의 가치를 찾으려는 노력이 진행되어져야 할 것이며, 이를 서로의 일상 속에서 필요한 가치로 인정받을 수 있도록 하는 노력이 필요할 것이다.

이러한 문화융합관점의 문화와 미디어의 이해를 바탕으로 구체적인 한국문화와 콘텐츠의 글로컬화 전략이 다루어져야 할 것이다. 본고는 현지인들이 효율적으로 한국문화를 체험할 수 있는 직·간접적인 기회를 제공한다는 측면에서 미디어체험을 논하고 있으며, 미디어와 체험의 본래적 의미에서 그 해답을 찾고자 한다. 일차적으로 한국문화의 정체성을 찾고, 이를 외국인들의 기호에 맞게 유형화시키고, 이를 각 분야별 쓰임에 맞을 수 있도록 다양한 미디어를 활용하면서 한국문화에 대한 관심을 지속적으로 유지시켜나가야 할 것이다. 문화교류의 특성에 맞게 '만남-교감-공감-호감'의 사이클 속에서 단계별로 외국인의 관심을 지속적인 한국문화콘텐츠의 소비로 이끌어낼 수 있도록 해야 할 것이며, 이 과정에서 소비주체들의 만족도를 높여 나갈 수 있어야 한다. 이를 위해 우선 우리사회의 해외문화교류에 대한 당위를 통합적으로 파악할 수 있어야 한다.

3) 사회적 필요를 통합하는 미디어 전략

현재의 미디어 기술력은 상호교류하려는 개별주체들의 의지에 따라 문화 간 소통의 가능성이 결정된다는 것을 보여주고 있다. 누구나 어디서나 상대방의 문화권에 접근하려는 의지를 가지고 있다면 언제든지 타문화에 대한 접근 및 교류가 가능하다. 하지만 이러한 최첨단의 기술력이 넘나들지 못하는 부분이 있다. 기술간 교류 시스템이 허용하지 않는 문화 간,지역 간의 범주는 아직도 대중미디어에 의한 일방적인 송출이외에는 불가능하다. 그리고 상호간 소통을 담보할 수 없다. 즉 최첨단의 기술력은 최첨단의 기술을 받아들일 수 있는 준비가 되어 있는 시스템 속에서 유효하다. 하지만 우리가 살고 있는 시대는 이러한 최첨단의 시스템만이 존재하지는 않는다. 오히려 타문화권과의 교류는 미디어기술 자체가 소통의 장벽이 될 수 있다.

미디어기술의 발전은 우리사회 내부 소통의 문제도 유발시킨다. 스마트콘텐츠로 대변되는 현재의 기술력은 자칫 기술력의 소유여부에 따라 그 소통의 가부가 결정되기도 한다. 중요한 것은 스마트기기를 소유하고 기계적인 기능을 배우는 것과 동시에, 스마트시대에 상호 소통을 위하여 어떻게 제반 장치들을 활용해 나갈 것인가의 의지이다. 스마트기기를 소유하고 있는 집단과 소유하지 못하는 집단 간의 소통을 어떻게 만들어 나갈 것인가의 문제는 첨단 기술력의 시대에 살고 있는 우리사회 내부의 소통 관점에서도 중요한 문제이다. 더군다나 서로의 기본적인 문화 및 미디어기술의 인식체계가 다른 문화 간 소통의 경우, 소통을 위한 기계적인 해결방안은 한계를 가진다. 미디어기술 자체만으로는 문화 간 소통을 이루어내기 힘들다는 것이다. 문화 간 소통을 이루어내려는 의지를 통하여 이를 매개하는 콘텐츠의 관점에서 그 해결방안을 모색할 필요가 있다.

국가 간 문화교류 차원에서 기존의 방송시스템이 여전히 대중적으로 사용되고 있다. 기존의 일방향적인 브로드캐스팅의 개념에서 벗어나 쌍방향성을 추구하는 시스템으로 발전해 나가고 있지만, 기술적인 측면의 일차적인 문제의식을 넘어 보다 근본적으로 교류하려는 적극적인 소통의지를 구현한다는 맥락에서 고려되어져야 할 부분이 많다. 우리는 뉴미디어기술의 발전과정에서 디지털의 개념을 수용하였고 우리의 일상은 디지털화되어가고 있다. 일상에서 적용하는 이러한 개념은 개별소비자의 입장에 맞추어 정보를 분절하고, 그 쓰임에 맞게 활용해 나갈 수 있다는 측면에서 유용하다. 물론 상호간의 소통을 위해서는 자의적인 해석이 아닌 보편적인 소통방식을 함께 만들어 나가야 할 것이다.

헨리 젠킨스가 지적하고 있는 것처럼 현재의 미디어환경은 올드미디어로 구분되는 TV, 라디오, 출판, 인쇄 등의 기존미디어와 컴퓨터 환경을 중심으로 한 뉴미디어의 충돌로 설명할 수 있을 것이다. 이는 단순히 기술력 진화의 차원을 넘어서서 미디어 가치의 충돌과 수용으로 바라볼 수 있을 것이다. 우리가 이러한 미디어 환경의 변화를 이해하고 활용하면서 현재 상황에 맞게 문화적 가치를 구현할 수 있는 기회를 가져야 한다는 것이다. 바꾸어 말하면 우리는 개별문화권이 가지는 다양한 가치를 구현할 수 있는 올드·뉴미디어를 가지고 있다. 구체적인 상황에서 어느 것이 효율적일지에 관한 것은 선택의 문제이다. 이는 또한 문화적 가치와 경험을 어느 상황에서도 구현할 수 있는 보편적인 가치로 승화시켜나갈 수 있어야 한다는 측면에서 보다 상위개념의 목적의식을 요하고 있다. 즉,

가치구현의 단계를 종합적으로 보여 줄 수 있는 통합적인 사고를 요구하고 있으며, 이는 곧 우리사회 내부의 문화교류 인식의 보편성, 진정성과 연결된다. 일시적으로 눈에 보이는 현상만을 위한 문화교류는 단편적인 성취만을 이루게 할 것이며, 이는 우리 사회내부의 다른 가치들과의 예견된 충돌을 야기하게 된다.

국가 간 문화교류를 시대적인 필요로 인식하고 이를 위한 목적의식과 가치로 만들어야 할 것이며, 이를 위하여 우리사회 곳곳에서 제기되는 문화교류의 필요성을 인식하고, 이를 전체적인 맥락의 보편적 가치로 설명할 수 있어야 한다. 이를 위하여 우리 사회 내부의 문제점을 보다 철저히 검토하고, 이를 문화교류를 통하여 보완해나가고자 하는 의지를 '문화교류의 장'에서 투명하게 보여줄 수 있어야 할 것이다. 볼터·그루신이 올드미디어와 뉴미디어의 혼재 상황을 매개와 재매개로 설명하면서, '미디어-미디어', '미디어-인간'관계의 투명성을 강조하고 있다. 현대의 의사소통을 주도하는 미디어 간 소통의 문제는 이러한 투명성을 바탕으로 한다. 이는 미디어시대의 문화교류를 위한 기본적인 전제조건이라고 할 수 있으며, 이러한 투명성을 바탕으로 문화교류의 장에서 우리의 모습은 진정성의 가치를 보여줄 수 있을 것이다. 이러한 맥락에서 우리사회내부의 사회적 필요를 반영하는 통합적인 미디어 전략구성이 이루어져야 한다. 이러한 문화교류를 위한 적극적인 인식의 확대와 실천적 행위로의 연결은 상호간 이해를 높이는 문화융합의 형태로 보다 발전적인 교류의 결과를 서로에게 가져다 줄 수 있을 것이다.

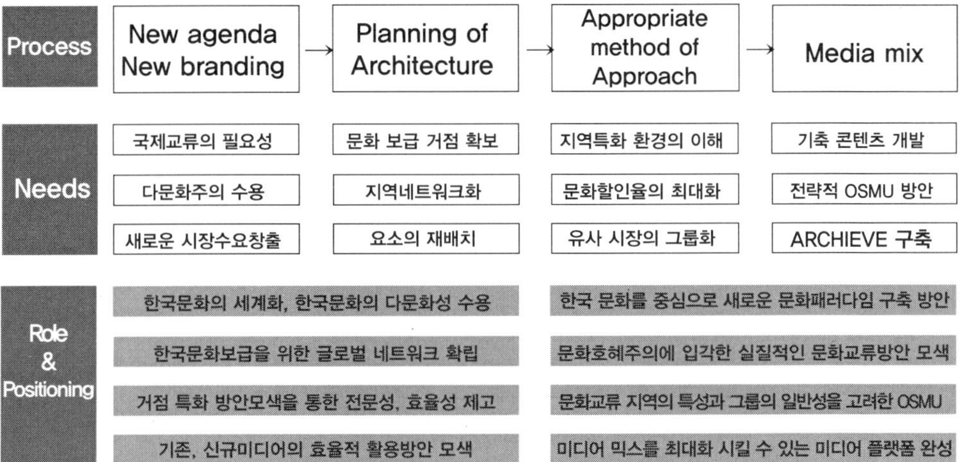

위의 표는 국가 간 문화교류를 위한 우리사회의 사회적 필요와 문화적 수요를 중심으로 통합적인 미디어전략구성을 도식화하였다. 우리가 한국문화를 중심으로 타문화권과 교류해야하는 명분과 목적을, 우리사회내부의 개별적 수요를 총체화시켜 나가는 과정으로 정리해야 한다. 이를 중심으로 기존 시장의 기능과 역할을 새로운 개념의 묶음으로 구분하고, 이에 맞는 세부적인 전략들을 만들어 나가야 할 것이다. 사회적 필요를 반영하는 공공기관의 역할은 문화교류의 당위를 만들고, 이에 대한 구체적인 해답을 만들어 나가는 과정을 만든다. 미디어는 이러한 과정속에 포함되어져야 한다. 이런 맥락에서 기존 미디어의 기능과 역할을 새로운 문제의식에 맞추어 새롭게 묶음으로 만들어 나갈 필요가 있다. 문화교류의 틀 속에 어떻게 한국문화를 유형화시켜나갈 수 있을 것인가의 노력이 미디어와 미디어콘텐츠 전략구성단계에 포함되어야 한다. 문화교류관점에서 미디어콘텐츠를 통한 한국문화의 글로컬화 전략을 구축하기 위해서는 새로운 통합적 위계가 필수적이다.

통합 미디어 관리 및 전략은 교류하는 주체들의 사회적 필요와 문화적 수요를 충족시키면서 관계와 소통을 만들어 나갈 수 있어야 한다는 측면에서, 그리고 이러한 문화 간 관계와 소통을 위한 매개로서 한국문화가 어떤 역할을 할 수 있을 것인가를 점검하면서, 단계별 방법론을 제시하는 차원에서 논의되어야 할 것이다. 우리는 우리사회의 현실적인 문제의식 속에서 국제사회와 소통하고 있다. 그리고 문화로 이러한 관계를 설명하려 하고 있다. 한국문화를 중심으로 이러한 제반 현실을 설명한다는 것은, 관계하는 문화교류 주체들과의 원활한 소통을 통하여 새로운 문화적 합의를 이끌어 낼 수 있어야 한다는 것을 의미한다. 그리고 개별 미디어는 이러한 관계 속에서 한국문화와 타문화가 교류하는 관계와 소통이 원활히 이루어질 수 있도록 기능하여야 할 것이다. 한국문화와 교류하는 타문화가 한국문화의 가치를 깊이 있게 체험하고 이해할 수 있도록 하는 문화해석의 역할을 충실히 해 나가야 할 것이며, 시대정신이 반영된 새로운 아젠다를 중심으로 문화교류의 의미와 현실적 대안을 함께 실천해 나갈 수 있어야 할 것이다.

2. 한국문화체험의 재구성

1) 한국문화체험유형의 분절과 다양화

위에서 살펴본 바와 같이, 국가 간 문화교류를 위한 한국문화 콘텐츠의 문제는 한국문화의 정체성을 연결하고 해석하는 내적 가치의 문제와 상대 문화권의 문화적 정체성을 이해하고 이를 우리가 가진 내적가치와 연결시키고 융합하여 새로운 가치를 생성해 낼 수 있는 외적가치의 문제로 정리해 볼 수 있다. 한국문화체험유형의 분절과 다양화는 이러한 내적가치와 외적가치구현을 위한 기초적인 작업으로 구분할 수 있을 것이며, 향후 진행될 문화융합의 과정을 문화교류를 통한 상호의지의 구상화차원으로 이해한다면, 우리의 입장에서 이러한 결과물을 예상하고 준비할 수 있는 처음이자 마지막단계 즉, '문화 간 관계와 소통을 위한 한국문화의 글로컬화'를 검토하는 단계로 인식할 수 있다.

체험의 문제를 한국문화를 이해하기 위한 일련의 과정으로 바라본다면, 이는 한국문화의 형形을 실재적으로 받아들인다고 할 수 있으며, 한국문화의 원형가치를 실재화시키는 측면에서 문화콘텐츠의 문제로 인식할 수 있다. 한국문화를 체험하고 이해하는 다양한 방식의 문제를 한국문화콘텐츠의 문제로 범주화시킬 수 있으며, 이는 곧 한국문화콘텐츠의 범주가 특정 장르를 통해서가 아니라, 현재 시점의 한국문화를 표상하는 모든 것들로 규정해야 함을 의미한다. 이러한 맥락에서 한국문화콘텐츠는 단순히 한국인의 여가 · 예술 활동 등으로 그 범주를 제한하기 보다는 일상생활전반의 행위들을 한국문화의 핵심적인 가치로 설명하면서, 이를 타자와 교류할 수 있도록 총체적으로 담아내려는 노력이 필요할 것이다. 미디어콘텐츠는 '모든 문화를 매개한다.'는 원론적인 맥락에서 문화와 미디어의 의미를 동일하게 규정할 수 있으나, 현재 시점에서 미디어콘텐츠는 상호간 소통을 위한 보다 전략적인 개념을 요구하고 있다.

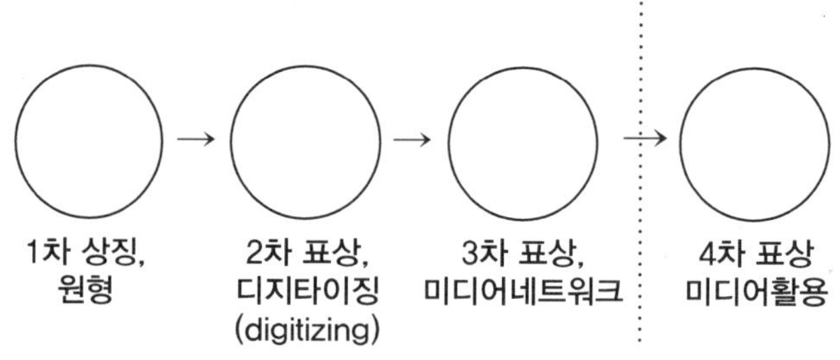

위의 그림은 우리가 가시화된 문화의 가치를 일상적으로 받아들이고 표상하는 과정을 도식화하였다. 예를 들어 한국의 문화유산은 대표적인 1차 상징으로 구분할 수 있다. 이는 현재 시점에서 원형성을 가진다. 이를 중심으로 그 의미를 현재화하여 연결하는 2차 표상의 작업이 진행된다. 그리고 현재 시점에서 또 다른 가치를 만들어 낸다. 이러한 단계를 거쳐 다양한 미디어들을 통하여 일상적으로 소통한다. 우리는 3차 표상의 단계까지를 미디어로 표상되는 일상적인 한국문화로 인식한다. 그리고 개별적으로 자신에게 맞는 소통방식을 가진다. 동일문화권의 문화소통은 이러한 추상을 전제하고, 선험적으로, 경험적으로 학습화의 과정을 통하여 일상적으로 활용할 수 있게 된다.

　미디어표상들이 위와 같은 단계를 거치면서 문화권내 개별주체들은 전통적인 한국문화의 가치와 의미를 현재화 시키고, 문화적 유대감을 가질 수 있는 연결고리를 제공받는다. 개별성과 보편성을 연결하는 개연성은 개별주체들의 사회화과정으로 이해할 수 있다. 이러한 사회화과정으로 개별주체들은 단계를 거친 표상들을 동일하게 인식한다. 미디어표상의 흐름은 비단 전통문화유산의 맥락에서만 이해되는 것은 아니다. 예술 활동을 비롯한 일상의 모든 행위들이 같은 맥락에서 설명될 수 있다. 이를 일상화하는 개별주체들이 어느 단계의 미디어표상을 활용하느냐의 구분이 있을 수 있으며, 이는 개별주체들의 정체성과 연결될 수 있다.

　4차 표상은 문화 정체성이 다른 문화주체들의 한국문화 접근에 관련한 문제이다. 위의 그림에서 단계별 표상이 1차 상징에 접근할수록 한국문화의 가치를 이해하는 폭을 넓혀가는 것을 경험적으로 알 수 있다. 하지만 각 단계들의 의미를 연결하기 위해서는 많은 함축적인 개념들을 숙지하고 있어야 하며, 이를 가지고 자신의 일상을 설명하기 위해서는 문화 정체성을 공유하는 집단 내에서도 많은 자구적인 노력이 필요하다. 그리고 이러한 문화 소통을 위한 노력은 개별주체들의 일방적인 것이라기보다는 '사회-인간'의 관계와 소통을 통하여 만들어 진다. 이러한 맥락에서 4차표상의 단계는 선험적인 문화 정체성이 다른 문화 간 관계와 소통을 위하여 어떤 노력을 만들어야 할지를 고민하게 한다.

이미 우리는 '사회-인간'의 관계에서 '미디어-인간'의 관계로 문화적 표상의 범주와 의미를 확대시켜 놓았다. 이는 문화 간 소통을 위한 개별주체들의 노력의 기준과 방향을 미디어로 전환시켜 놓았음을 의미한다. 문화교류주체들이 미디어 환경 속에서 개별적으로 학습할 수 있는 기회를 제공받아야 한다는 의미이기도 하다. 체험하고자 하는 주체들의 목적과 의지에 따라 자신들이 원하는 정보를 새롭게 조합하고, 이를 미디어 상에 구현 할 수 있어야 한다. 한국문화를 표상하는 4차 단계의 미디어는 문화적 정체성이 다른 문화 간 소통을 위한 체계를 제공하면서, 상대방이 원하는 한국문화의 수요를 충족시켜 주기 위한 다양한 노력들을 콘텐츠로 표현할 수 있어야 한다는 것이다.

일상적인 미디어소통은, 한국문화의 1차 상징을 일상의 미디어 환경에서 구현될 수 있도록 하는 2차 표상의 단계인 디지타이징_{digitizing, 일상의 실재들이 디지털의 신호로 변환되는 과정}을 넘어, 입력된 정보를 소비자의 수요에 맞게 조합할 수 있도록 하는 기술적 토대 위에서 이루어지고 있다. 하지만 현재의 서비스구조는 그 대상층이 일상문화권내의 문화적 정체성을 공유하는 집단으로 한정하고 있다. 즉, 일상문화권의 정체성 공유 집단이 가지는 함축적인 의사소통 구조를 정체성 공유 집단 밖의 다름, 즉 외국인들이 접근하고 이러한 경험들을 체화해 나갈 수 있도록 그 대상층의 영역을 확장해 나가야 할 것이다.

이는 단순히 외국인을 위한 배려의 차원을 넘어서서 한국문화의 정체성을 보다 세밀하게 다루고, 이를 바탕으로 우리의 일상을 설명하면서 세대 간 공감대를 넓혀 나갈 수 있는 기회를 제공할 것이다. 뿐만 아니라 보다 넓어진 문화영역 속에서 한국 문화의 보편성을 확립하고, 이를 통하여 세계와 소통할 수 있는 가능성을 준비해 나가는 과정으로 받아들일 수 있다. 이를 단순히 뉴미디어기술을 중심으로 한 새로운 콘텐츠의 '제작'이라는 개념으로 이해하기보다는 기존의 한국문화를 다루었던 미디어들이 보다 적극적으로 기능할 수 있는 개념의 틀을 새롭게 만들어 나가는 것으로 이해할 수 있다. 이러한 틀 속에서 교류하는 주체들이 자신의 문화적 수요를 충실히 공급받으면서 새로운 의미의 콘텐츠를 생산하게 된다. 이러한 교류를 통한 새로운 의미의 문화적 가치 공급은 한국문화의 범주라는 큰 틀 속에서 새로운 한국문화의 전형을 만들어 갈 것이며, 이는 그 자체로 새로운 한국문화의 자산이 될 수 있다.

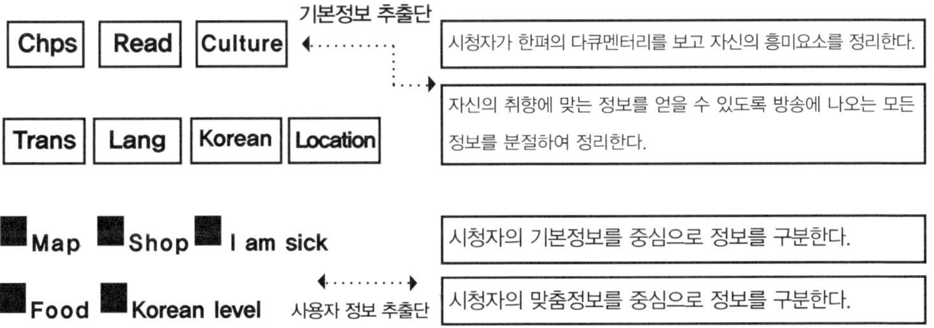

소비자의 문화수요를 중심으로 한 뉴미디어 서비스의 예

　위의 그림은 뉴미디어 상에서 구현할 수 있는 서비스를 문화소비자의 문화수요를 구분하여 설명하고 있다. 기본정보 추출단은 한국문화를 함축적으로 이해하지 못하는 집단을 포함하며, 자신이 가지는 문화적 정체성을 가지고 한국문화체험의 장에 접근할 수 있도록 보편적수준의 정보단위로 구분함을 말한다. 사용자 정보추출은 사용자의 범주를 보다 세밀하게 구분하고, 각 개인들의 상황에 맞춘 서비스가 가능하도록 설계되어져야 한다. 이처럼 4차 표상의 개념은 보다 세밀한 범주의 구분을 요구하고 있으며, 이는 3차 표상까지의 단계가 그 개념을 확장하여 4차 표상의 단계와 연계되어 기능할 수 있어야 할 것이다. 또한 '올드-뉴미디어', '문화-문화'의 관계가 상생적으로 기능할 수 있는 보편과 다양의 맥락에서 다루어 졌을 때 그 기능과 가치가 의미를 가질 수 있다. 자칫, 뉴미디어기기의 소유 여부만으로 새로운 사회적 계층의 구분을 가져오는 현재의 상황을 타산지석他山之石의 교훈으로 받아들여야 할 것이며, 보다 많은 사람들이 보편적으로 서비스를 체험할 수 있도록 각종 미디어기기들이 유기적으로 연동할 수 있어야 한다는 점도 중요하다.

　이러한 뉴미디어 서비스는 뉴미디어기기를 가진 계층만의 문제가 아니라 보다 대중적인 미디어기기에서도 서비스를 구현할 수 있는 보편성을 가져야 할 것이고 이는 콘텐츠의 가치를 높이는 효과를 가져올 수 있다. 한국문화는 다양한 수요층을 포용할 수 있는 이러한 문화교류의 장을 열어두고 그들이 상호간 교류하면서 만들어 가는 새로운 의미를 다양하게 담아낼 수 있도록 하는 것이 현재 뉴미디어기술의 의미를 충실히 활용하는 것이라는 것을 잊지 말아야 할 것이다.

2) 체험을 중심으로 한 단계별 미디어전략

체험은 전술한 바와 같이 상대방의 문화를 이해하는 실천적 의미이다. 따라서 체험은 무형의 가치가 유형으로 구상화되어지고, 이러한 유형미디어을 통하여 그 속에 내재되어 있는 무형의 가치를 습득할 수 있어야 한다. 또한 체험은 체험하고자 하는 주체들의 의지에 따라 그 접근이 다양화될 수 있고, 체험되어지는 주체는 체험되어지는 범주속의 모든 미디어 속에 자기문화의 핵심가치와 연결할 수 있는 고리를 가지고 있어야 한다. 이러한 미디어들의 연계성 속에서 체험하고자 하는 주체는 자기문화와의 비교를 통하여 문화적 동질감을 공유하게 되고, 또 다른 자기화를 시도하면서 교류하는 두 주체는 이러한 일련의 과정 속에서 상호소통을 극대화시켜나갈 수 있는 인식의 범주를 넓혀나갈 수 있다.

따라서 국가 간 문화교류를 위한 한국문화콘텐츠는 한국문화의 일관된 핵심가치를 연결시켜나갈 수 있는 일관성과 체험주체들의 접근경로를 확대한다는 다양성의 측면에서, 그리고 이를 전체적인 한국문화체험의 틀로 묶어낼 수 있어야 한다는 점을 고려해야 할 것이다. 이와 같은 일련의 과정은 '주제의식공유 → 미디어선택체험 → 선택미디어와 연계되는 미디어 해석- 요소투입 → 개별미디어의 분화 → 사용자 사용정보를 중심으로 한 2차 상품 → 교류국가 미디어와 연계 → 융합 → 파생상품 연계'의 과정으로 다시 한 번 정리하여 설명할 수 있다.

국가 간 문화교류를 위한 한국문화체험(미디어)의 연계

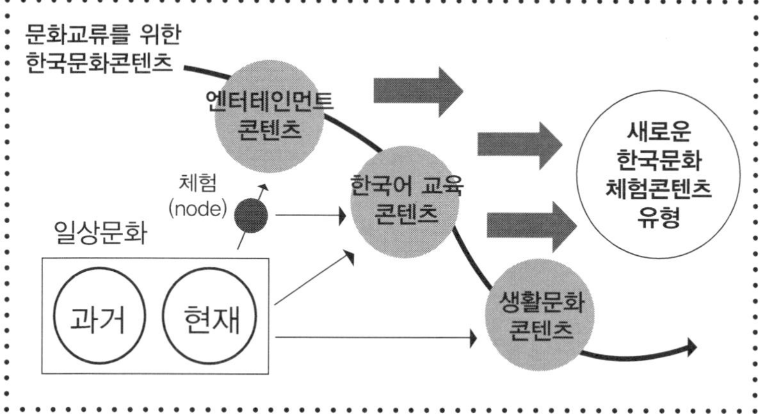

위의 그림에서 문화교류를 위한 한국문화콘텐츠는 문화교류 활성화의 맥락에서 그 의미를 공유할 수 있다. 또한 문화교류라는 주제의식 속에서 그 의미를 연결해 나간다. 위의 그림에서 '엔터테인먼트 콘텐츠', '한국어교육 콘텐츠' 등은 내용적인 장르구분을 포함하는 구체적인 체험의 범주를 의미한다. 체험하고자하는 주체들의 묶음을 의미하며, 이는 문화교류의 큰 주제 속에서 실질적인 문화 간 만남이 이루어지는 공간의 의미를 가진다. 즉, 우리는 한국문화의 현재와 과거의 핵심적 가치를 연결하여 설명할 수 있는 일상문화를 가지게 되며, 이는 곧 문화로 드러난다. 체험하고자 하는 주체들은 문화적 관심이 반영된 체험으로 우리의 일상을 이해할 수 있게 된다.

이러한 맥락에서 1차적인 체험은 체험되어지는 주체의 입장에서 외부의 개념이 된다. 이는 일상문화를 표상하는 내부의 많은 미디어들 중에서 그 연결이 확장되었다고 할 수 있으며, 만남이 이루어지는 한 영역만을 위한 요소로 작용하기 보다는 각 분야의 용도에 맞게 그 쓰임을 발전시켜나갈 수 있다. 즉, 문화교류의 주제의식을 구체적인 분야별 목적의식으로 정리해 나가는 것이 보다 다양한 분야별 목적의식을 만족시켜나갈 수 있음을 보여준다. 이는 한국문화의 정체성을 일관적으로 유지ㆍ발전시켜나갈 수 있다는 측면에서 한국문화의 범주를 확산시키고, 이를 통하여 산업적, 문화적 포용의 틀을 넓혀나간다는 측면에서 긍정적이다. 새로운 문화와의 만남이 이루어지는 개별미디어들이 이러한 개념의 공유 속에서 콘텐츠를 구상해 나간다면, 그 용도와 쓰임에 맞게 일관성과 다양성을 함께 확보해 나갈 수 있을 것이다. 또한 일상문화권의 미디어들 또한 이러한 한국문화의 포용과 확장을 생각하면서 핵심적인 한국문화의 가치를 표상할 수 있도록 다루어져야 한다.

아래의 도식은 문화수용자의 입장에서 체험을 연계하는 '미디어체험 곡선'을 이해하고 이를 중심으로 단계별 체험유형을 다양화시킬 수 있는 방향으로 부문별 미디어가 그 역할을 만들어나가야 한다는 것을 보여주고 있다.

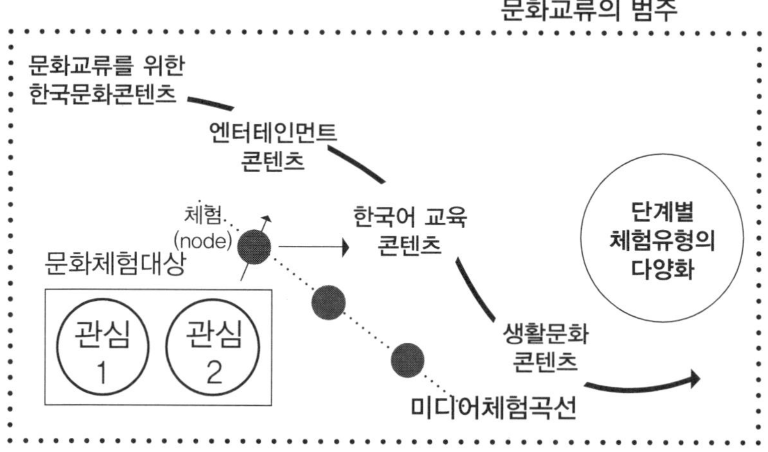

이와 같은 부문별 미디어콘텐츠의 기능과 역할의 흐름에 대한 이해는, 현재 한국문화콘텐츠영역에서 미디어콘텐츠 기획의 또 다른 수요를 만들어 낸다. 위의 도식에서 보이는 바와 같이, 현재의 미디어와 미디어체험은 일상의 문화를 표상하는 것을 그대로 이문화권 주체들과의 만남이 이루어지는 공간에서 확장하여 사용하고 있다. 이는 문화교류의 현장에 접근하는 수용자입장의 시각이 반영되어 있다고 보기 어려우며, 이는 그 기능과 역할의 측면에서 새로운 구분이 필요하다고 할 수 있다. 우리는 일상의 엔터테인먼트콘텐츠를 그대로 타문화와의 만남의 현장에서 활용하고 있는데, 이러한 일상문화권내의 콘텐츠는 타문화와의 교류에 문화적충동을 야기시킬 수 있을 뿐 아니라 새로운 수요를 반영한 파생상품을 양산하는데 걸림돌이 된다는 것을 알아야 한다.

일상문화권내의 콘텐츠와 문화교류를 위한 콘텐츠가 같다는 것은 문화교류 이후에 발생하는 새로운 가치를 담아내기 힘들다는 한계를 가지게 된다. 물론 현재의 한국문화콘텐츠가 이러한 예상수요를 염두 해 둔 기획을 단계별로 수용해 나가고 있지만, 하나의 독립된 영역으로 그 역할을 구분해서 수행해 나가는 것이 보다 적절하다고 할 수 있다. 일상문화권의 한국문화콘텐츠를 그 쓰임에 맞게 분절하고 조합하여, 교류하는 문화권의 개별주체들이 상호 소통할 수 있는 새로운 의미단위로 융합해 나갈 수 있는 미디어콘텐츠로 만들어 나가야 한다. 기존의 미디어는 일상의 한국문화를 설명하는 기초적인 의미단위로 존재하면서, 새롭게 활성화된 공간 속에서 새로운 의미단위와의 만남을 통하여 본래의 의미를 현재화 시킬 수 있다. 교류와 융합의 과정을 통하여 생성된 새로운 의미단위는 콘텐츠의 형태로 가시화되어지고, 기존의 미디어는 관계와 소통을 위한 영역으로 새로운 만남을 다시 한 번 주선할 수 있게 된다.

기존 미디어를 활용한 단계별 미디어콘텐츠전략의 예

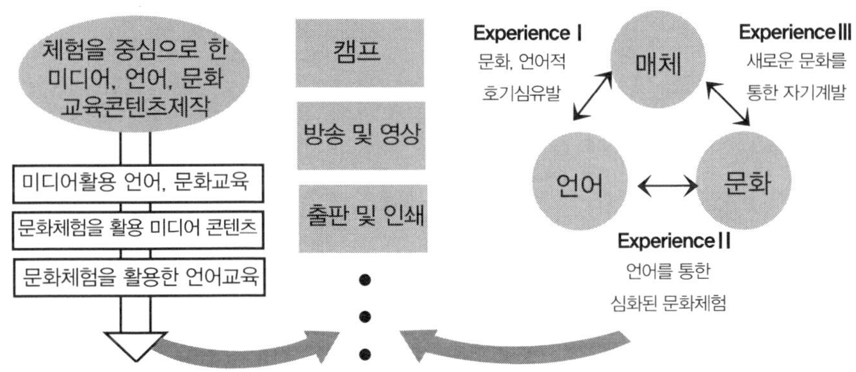

새로운 문화적 수요를 반영하는 미디어콘텐츠 기획은 시대적 흐름에 맞게 기존미디어의 활용을 유도하고, 문화수요자의 체험을 통한 한국문화의 이해를 높이면서, 이를 문화융합의 관점에서 새롭게 한국문화의 범주를 넓혀가는 차원에서 본연의 기능과 역할을 가진다. 국가 간 문화소통의 의미는 단순히 기계적인 소통을 위한 문화번역의 수준을 넘어 교류하고자 하는 개별주체들이 가지는 문화적 배경의 핵심가치를 이해하고, 상호 문화의 의미맥락을 공유하면서 새로운 의미를 창출하려는 노력 속에서 찾아야 한다. 혼재되어있는 개별미디어들의 쓰임이 시대정신에 맞는 문화융합의 의미를 되새길 수 있도록 작동되어져야 할 것이다. 이러한 노력들이 문화교류의 활성화를 위하여 집약될 수 있을 때 진정한 문화와 문화교류의 의미 또한 찾을 수 있을 것이다.

3) 미디어체험네트워크 구축

한국문화를 다루고자 하는 방식의 문제는 위의 도식에서 설명했던 것처럼, 그 쓰임과 활용에 따라 목적을 달리할 수 있다. 하지만 한국문화를 중심으로 한 이러한 다양한 접근법은 한국문화를 공유하는 집단의 정체성 기반위에서 보편성을 지향한다. 위의 그림에서 보여주고 있는 4차표상의 단계는 이를 공유하는 집단의 새로운 공감요소를 통하여 문화적 호환요인을 찾게 하고 있으며, 이는 결국 체험이라는 매개를 통하여 어떻게 이러한 공감대 형성의 축을 만들어 나갈 수 있을지의 문제로 연결된다.

우리는 한국문화를 활용한 체험의 장에서 한국문화를 보여주는 모든 요소들을 활용할 수 있는 자격을 가지고 있다. 중요한 것은 한국문화를 소개하는 것이 아니라, 교류의 장 속에서 '얼마나 나를 잘 설명할 수 있느냐?'의 문제이다. 그리고 나는 현재의 모습을 설명하기 위해 나를 포함한 나의 정체성 공유 집단의 모든 것들을 통하여 "나는 그렇기 때문에 현재 이러한 생각을 가지고 있고, 이러한 모습으로 존재한다."고 나의 일상과 생각들을 설명할 수 있다. 한국문화는 나를 포함한 한국문화의 정체성 공유 집단이 문화교류의 현장에서 자신을 설명할 수 있는 중요한 자산이다. 그리고 우리는 이러한 자산들을 활용하여 상대와의 관계와 소통을 진전시켜 나가기 위한 노력을 한다. 이는 곧 나와의 교류 속에서 상대방이 호감을 계속 이어나가고, 지속적인 교류의 필요성을 인식하는 계기가 될 것이고, 이는 좀 더 상대방을 알기 위한 구체적인 행위로 이어지면서 활성화를 도모하게 된다.

결국 한국문화체험은 한국문화를 전반적으로 설명할 수 있는 차원에서 유기적으로 다루어져야 할 것이며, '호화 사치품' 몇 개를 가지고 있느냐의 차원에서 현재의 모습을 드러내려는 수준의 한국문화체험은 전체적인 맥락에서 의미를 상실하게 된다. 한국의 문화유산은 매개를 통하여 현재의 한국을 설명할 수 있는 근거자료의 역할을 하고 있고, 또한 우리는 이러한 전통 속에서 현재의 삶의 양식을 구현하고 있다. 이는 앞으로 상호간의 교류를 통하여 어떤 비전을 만들어 나갈 수 있을지에 대한 가치의 교류와 대화의 진정성을 가지게 한다.

임마누엘 페스트라이쉬는 '왜 그들은 우리와 교류하려고 하는 가?'라고 문제를 제기하고 있다. 이는 우리가 한국문화체험을 어떠한 맥락에서 다루어야 하는지에 대한 방향성을 제시하고 있다. 그는 한류의 예를 들면서 아시아권 국가들이 한국문화를 동경하는 이유에 대하여 "20세기 한국이 급진적인 성장을 이루어낸 근원적인 힘을 배우고 싶어 한다."고 지적하면서, 이를 문화적으로 설명할 수 있어야 함을 강조하고 있다. 우리는 현재 시점에서 우리내면의 가치를 드러내어 설명하는 방법으로 현재의 한국과 과거의 한국의 모습에서 공통점을 찾고, 이의 표상으로 드러난 미디어를 통하여 한국의 비전을 설명할 수 있어야 한다. 이러한 일련의 과정을 통하여 한국문화를 전체적으로 이해하게 되고 상대방과 가치를 공유하게 되며, 이는 다시 하나의 표상으로서 현재의 모습으로 일상화된다.

이러한 맥락에서 한국문화를 표상하는 모든 미디어는 접근방법과 이를 바라보는 시선의 다양성과 함께, 한국문화의 전통적인 가치를 연결한다는 맥락에서 보편성을 추구해야 한다. 결국 우리의 관계와 소통을 구현해 줄 수 있는 미디어네트워크를 살펴보았던 것처럼 한국문화를 전체와 부분으로 보여주면서 이를 통하여 관계와 소통을 매개할 수 있는 체험 요소들의 네트워크가 필요하다고 할 수 있다.

현재 신한류의 분위기를 새롭게 조성하고 있는 K-pop, K-drama 등의 엔터테인먼트콘텐츠나 뉴미디어콘텐츠도 한국문화의 체험네트워크 안에서 유기적으로 연동할 수 있어야 할 것이며,

이를 위해 상호성의 맥락에서 다시 한 번 검토해 볼 필요가 있다.

K-pop, K-drama 등의 엔터테인먼트콘텐츠나 뉴미디어콘텐츠는 신한류를 주도하는 대표적인 한류콘텐츠이다. 그렇다면 과연 이러한 한류콘텐츠는 한국문화의 어떤 점을 설명하고 있을까? 결론적으로 한국의 대중문화를 접하는 이들은 그들의 문화권이 가지지 못하거나 그들의 문화권과는 다르게 표현되는 새로움을 한국의 대중문화 속에서 찾고 있다. 그렇다면 한국의 대중문화는 이들과의 관계와 소통 속에서 어떠한 매개점을 찾고 있는 것일까?

그들은 한국대중문화가 다루고 있는 콘텐츠 양식의 보편성을 통하여 친숙함을 느끼고, 현재 그들의 문화 속에서 찾기 힘든 인류사적 보편가치지향 속에서 공감대를 형성하며, 이를 다루는 세련된 미디어적 표현양식 등 한국의 대중문화가 표상하는 현재적 방식에 흥미와 관심을 가지고 있다. 그들은 기존에 자신들의 친교영역 내에서는 볼 수 없었던 '사귀고 싶은 친구'의 모습을 한국의 대중문화 속에서 찾고 있다. 엔터테인먼트콘텐츠나 뉴미디어콘텐츠는 한국문화의 재미_{entertainment}요소로 작용하며, 새로운 만남의 장소에서 새로운 친구로 자기를 소개하는 역할을 수행하고 있는 것이다. 바꾸어 말하면 한국문화의 부분과 전체로 한국의 대중문화가 표상하는 모습 속에 한국문화의 전반적인 문화적 가치를 모두 담아내는 데에는 한계가 있을 수 있다. 하지만 한국문화를 표상하는 방식, 한국문화에 대한 새로운 이미지나 캐릭터, 재미, 포용력, 관계의 친화력 등은 분명 이러한 대중문화의 영역에서 다루어질 수 있다.

　한국대중문화를 통하여 친숙한 환경이 만들어지고 있다면, 이제는 우리가 진지하게 삶을 살아오면서 우리가 가진 문화의 힘으로 어떻게 역경들을 헤쳐 왔으며, 그 결과로 '상대방과 다른 현재의 모습을 가지게 되었다'는 보다 진지한 대화를 나눌 수 있는 소재들이 다양한 콘텐츠의 영역에서 다루어져야 한다. 그리고 "너는 어떠했니?"의 질문을 통하여 자연스럽게 상대방을 대화의 자리로 끌어들일 수 있어야 할 것이다.

　한국의 대중미디어는 경쟁적으로 드라마를 다루고 있다. 그리고 다양한 사극을 선보이고 있다. 현대극에 비해 상대적으로 제작비가 높게 책정되는 사극의 특성상, 높은 제작비의 지출을 감수하고도 높은 제작율을 보이고 있는 이유는 여러 가지 측면에서 찾아 볼 수 있다. 현대극의 상황설정이 한계점에 처해있고, 소위 '창조적 왜곡'을 통하여 다양한 소재를 공급받을 수 있다는 측면은 현재 사극의 열풍을 주도하는 일면으로 설명할 수 있을 것이다. 실제로 다양한 창조적 왜곡을 통한 소재개발이 현재 사극에서 보여 지는 특징이라고 할 수 있으며, 이는 대화의 소재를 보다 풍성하게 하고 있음을 부인할 수 없다.

　이러한 창조적 왜곡을 통한 소재개발은 헨리 젠킨스가 말하고 있는 상호매체성의 관점에서도 의미를 가진다. 피터 그리너웨이의 '프로스페로의 서재' 등 다양한 매체 간 융합의 시도들을 21세기 문화융합의 발전적 시도로 평가하고 있는 헨리 젠킨스는 다분히 '미디어 중심적 사고'의 범주를 벗어나지 못하고 있다. 물론 헨리 젠킨스가 지적하고 있는 미디어융합의 경우도 현재의 미디어 상황에 맞게 그 의미를 다양하게 경험할 수 있는 기회를 넓혀 나가야 한다는 맥락에서 의미를 가진다. 하지만 기존의 미디어융합이 작품의 원형을 복원하는 수준을 벗어나지 못하고, 개별 미디어의 특성에 맞게 그 의미를 각색하는 수준에서 다루어 졌다면 일상의 문화를 역사와 연계하여 소재개발을 다양화시키고 있는 TV사극의 경우는 우리에게 필요한 문화적 가치를 현재화 시킨다는 측면에서 긍정적이라 할 수 있다.

우리가 가지는 전통적인 문화의 가치를 적극적으로 현재화하기 위한 적극적인 스토리 개발과 함께 시대정신을 한국문화의 본원적인 가치와 연결하려는 노력들이 필요하다. 그리고 이를 통하여 시청층 내·외의 관계와 소통을 어떻게 연결하고 설명할 수 있을지에 대한 고민도 병행되어져야 할 것이다.

TV사극 〈성균관 스캔들〉, 〈뿌리 깊은 나무〉

드라마 속 창조적 왜곡은 재미있는 상상의 결과이다. 그리고 현재 시점에서 드라마는 개연성의 요소를 가미하여 보다 현실적인 이야기의 토대를 만든다. 그렇다면 우리는 이러한 이야기 소재들을 가지고 국가 간 문화교류에서 어떤 대화를 만들어 낼 수 있을까? 성균관은 조선시대 최고의 교육기관이다. 각 시대를 대변하는 최고교육기관을 이야기하자면 고구려의 태학 등 한국문화가 얼마나 교육에 대한 중요성을 강조했는지에 대한 역사적인 자료들이 무수히 존재한다. 하지만 그곳에서 무엇을 가르쳤고, 그들의 일상이 어떠했는지는 일반적인 수준에서 알기가 쉽지 않다. 드라마 〈성균관 스캔들〉은 이들의 일상을 작가의 생각대로 상상해 본 것이다.

우리는 역사적으로 교육에 관하여 중요한 인식을 가지고 있었고, 이를 기반으로 많은 교육법들이 역사 속에 존재한다. 그리고 드라마 속에는 우리가 현재 가지는 교육과 교육제도에 대한 문제의식이 포함된다. 이는 문화 간 교류의 현장에서 서로의 문화에 대한 특징적인 요소를 중심으로 인류보편가치의 공통점을 찾을 수 있는 중요한 소재가 될 것이다. 세종대왕의 이야기를 다룬 무수히 많은 사극들 또한 "우리의 세종대왕은 이러한 문제의식을 가지고 한글을 만드셨다."의 측면에서 대화의 화두를 던지고, "너희의 문자는 누가 만드셨니?"식의 물음 제기를 통하여 각국의 문자와 언어와 관련된 선조들의 모습 속에서 차이점과 공통점을 찾아가는 문화교육이 가능하다.

이는 서로간의 문화적 호기심을 통하여 서로가 자신의 정체

성을 찾는 노력임과 동시에, 상호문화를 보다 깊이 있게 체험할
수 있는 기회를 제공한다고 할 수 있다. 몰입을 주도하는 대중미
디어의 소재가 상호간 대화소재를 풍성하게 할 수 있는 차원에서
다루어질 수 있으면 하는 바람$_{wish}$과 함께, 상호간 대화가 적극적
으로 이루어지는 하이퍼매개의 단계에서 한국문화의 가치를 연결
하면서 발전적인 대화가 이루어질 수 있는 노력들이 병행되어야
할 것이다.

체험네트워크의 개념은 단순히 온라인상에서 보여 지는 몇몇
콘텐츠의 활용문제만을 이야기하지는 않는다. 3장에서 살펴보았
던 미디어네트워크 의 이해가 컴퓨터 및 뉴미디어 환경의 기술적
인 구성을 이해하는 차원이 아니라 인간의 상상력과 이를 반영하
는 일상생활을 중심으로 이루어졌던 것처럼, 우리가 지향하는 한
국문화와 한국문화체험에 관련된 네트워크의 개념은 그것이 어떻
게 서로의 문화를 이해하고 친교의 범위를 확장할 수 있을 것인
가의 차원에서 다루어져야 할 것이다. 위의 태국의 예에서 살펴
보았던 것처럼 한편의 드라마를 통한 한국문화의 소개는 한국어
교육, 한국음식, 관광 등 연계하는 분야 및 산업과의 연계를 요구
하고 있으며, 이는 한국 사회 전 분야의 문화교류와 맥을 연결시
키고 있다.

한편의 드라마를 어떻게 완성도 있게 만들어 낼 수 있을 것인
가의 문제도 중요하지만, 이런 엔터테인먼트콘텐츠를 통하여 어
떻게 한국 사회와 문화를 설명할 수 있을지에 대한 고민이 우선
되어야 할 것이다. 이는 각 단계별로 어떻게 체험의 매개를 만들

어 나갈 수 있을 것인가의 차원에서 콘텐츠개발의 고민이 이루어
져야 함을 의미한다. 그것이 한국어교육의 현장이든, 산업연수생
을 위한 문화교육현장이든, 또는 한국의 전통 및 일상문화에 관
심을 가진 내방관광객들의 방문현장이든지, 국가 간 문화교류현
장의 체험은 이러한 체험들을 통하여 한국문화의 핵심가치를 일
상적으로 설명할 수 있어야 한다.

우리의 드라마에서 보여 지는 모든 것들이, 그들이 한국문화
를 체험하는 시간과 장소에 의미단위로 존재해야 할 것이고, 이
를 보여주는 실재의 체험을 통하여 그 의미를 되새길 수 있는 기
회들이 제공되어져야 할 것이다. 한국 문화가 다름과의 관계와
소통을 위한 체험의 장에서 우리가 아닌 서로를 이야기 할 수 있
는 보편적인 가치를 보여줄 수 있도록 체험네트워크가 논의되어
야 한다.

3. 한국문화콘텐츠의 글로컬화

1) 한국문화콘텐츠 관리시스템

대중미디어를 중심으로 국가 간 문화교류의 시대정신을 담아내려는 노력들이 이루어지고 있지만, 아직도 문화교류의 진정한 의미를 일상적으로 설명해 내기에는 한계가 있다. 우리는 글로벌 환경의 국가 간 문화교류 현장에서 때로는 배움과 종복從僕의 대상으로, 때로는 존경과 부러움의 대상으로, 때로는 시기와 질투의 대상으로, 때로는 가르침과 시혜의 대상으로 상대방을 바라보는 다양한 기준과 잣대를 가지고 있다. 이러한 문화적 편견과 모순의 복잡한 모습을 드러내는 한국문화는 '문화–문화'의 관계 속에서 가치의 충돌을 일으키고 있으며, 문화 간 관계와 소통을 만들어내려는 문화교류의 본원적인 가치를 찾지 못하고 있는 듯하다.

영화 〈방가? 방가!〉와 국가브랜드위원회 〈포스코 공익광고〉

한국의 대중미디어 속에서 다루어지고 있는 일상적인 외국인 근로자와 외국인며느리의 모습은 자신의 목적을 위해 한국생활에 적응하려 노력하는 이방인의 전형으로 그려지고 있다. 그리고 우리는 국제화시대에 살고 있기 때문에 '이들을 우리사회 속에 포함시키기 위한 포용의 노력을 다해야 한다.'는 논리를 가지고 있다. 이러한 인도주의적이고 시혜적인 논리자체에 문제가 있을 수 없다. 하지만 우리가 여기에서 간과하고 있는 중요한 개념이 있다. '우리는 왜 그들과 문화교류를 하고 있는가?', '우리는 그들과 무엇을 나누면서 적극적인 만남을 이어나가야 하는가?'의 관점에서 우리와 함께하는 외국인을 다시 한 번 바라보아야 할 것이다.

우리의 일상문화를 매개하는 대중미디어 속에 비추어지는 이러한 몰입 상황은 우리가 문화교류의 장 속에서 서로 나누어야 할 대화의 방향에 혼란을 주고 있다. 우리가 외국인을 바라보는 시선을 인종, 피부, 경제적·사회적 지위로 구분하고, 이러한 작위적인 기준들을 일상생활 속에 적용시키면서 개별적인 관계들과의 층위를 만들고 있다. 이는 다양한 문화교류의 현장 속에서 만나는 외국인들을 차등적으로 대하는 일상적 모순을 만들고 있으며, 교류하는 주체들과의 관계와 소통의 의미마저 퇴색시키고 있다. 그리고 이로 인한 가치의 충돌을 일상 속에서 경험하고 있는 것이다.

한국문화의 글로컬화를 위한 한국문화콘텐츠 관리시스템_{contents management system, 이하 CMS}'의 개념은 우선 21세기 문화와 문화교류의 의미를 담아낼 수 있는 기본적인 인식의 전환에서부터 시작하여야 한다. 이러한 인식의 전환, 즉 문화의 의미를 관계와 소통에서 찾고, 문화교류주체들이 상호간 문화교류의 의미와 목적을 찾을 수 있는 시공간적 만남을 적극적으로 마련해야한다. 이를 현대적 문화소비구조의 패턴에 맞추어 상호간 만족할 수 있는 경제적 가치를 포함한 부가적인 가치를 만들어 나가고자 하는 노력이 필요하다. 국가 간 문화교류를 바라보는 인식의 전환은 이를 매개하는 미디어콘텐츠가 한국문화의 핵심가치와 교류가치를 어떻게 연결시켜나갈지에 대한 구체적인 방법론을 강구하게 한다.

우선 CMS는 관계와 소통의 맥락에서 문화교류를 바라보고, 광의와 협의의 미디어개념들을 새롭게 구분하여 문화교류의 현장에서 활용도를 높일 수 있도록 새로운 패러다임을 제시하여야 한다. 이는 '올드-뉴미디어'의 몰입과 대화의 관계뿐 아니라, 온-오프라인의 미디어적 특성을 고려하면서 문화교류주체들이 미디어 공간에서 상호간 체험을 연계하면서 실질적인 행위를 이끌어 낼 수 있어야 한다. 이는 한국문화의 중심 가치를 지향하면서 보편성을 확보하고, 문화 간 교류가치를 통하여 다양성을 함께 지향해야 할 것이며, 문화권역별 특성을 자의적으로 고려하는 문화 간 계층화의 층위구분은 지양되어야 한다. 그리고 한국문화의 절체는 한국문화의 핵심가치를 문화교류의 가치와 연결시킬 수 있도록 세분화되어야 할 것이다. 이러한 주관적인 해석을 아우를 수 있는 한국문화 핵심가치의 기준을 마련하는 것 또한 중요하다.

둘째, 현재 시점에서 한국문화가 추구하는 핵심가치에 대한 보다 적극적인 해석이 필요하다. 전술한 바와 같이 21세기 한국문화의 핵심가치는 문화 간 관계와 소통을 어떻게 보편성과 다양성의 측면에서 증진시켜나갈 수 있을지에 달려있다. 우리의 일상과 전통문화를 고찰하면서 얼마나 많은 관계와 소통의 메시지가 담겨져 있는지에 관한, 그리고 그 관계의 대상이 누군지에 대한 고찰이 면밀히 이루어져야 할 것이다. 이러한 메시지들을 현재 시점에서 어떻게 또 다른 대화로 활성화시켜나갈 수 있을지를 적극적으로 고려해야 한다. '잠자고 있는 개별문화권들의 이미지'를 부활시키면서, 이들과 관계와 소통을 만들어 낼 수 있는 창조적 상상력구현이 무엇보다 중요한 시점이다.

셋째, 이러한 맥락에서 CMS는 대화주도형 콘텐츠를 지향해야 한다. 현재의 미디어환경은 대화자의 적극적인 참여를 유도하고 있다는 점을 간과해서는 안 될 것이다. 소위 '킬러콘텐츠'의 의미는 완성도 높은 단위작품만을 의미하지는 않는다. 이는 전술한 바와 같이 몰입의 상황을 위한 대화의 소재제공 차원의 문제이다. 현재의 미디어 상황은 더 이상 한 작품을 바라보고 이해하면서 감동을 받아들이는 수준의 수동적인 관객참여를 요구하지 않는다. 이는 기업의 비즈니스도 더 이상 판매목적의 직접성을 추구하지 않는다는 점에서 알 수 있듯이, 적극적인 관객참여의 의미는 '좋은 콘텐츠'의 기본적인 자격을 갖춘다는 점을 잊어서는 안 될 것이다. 다양한 뉴미디어기술의 환경은 이러한 적극적인 관객참여를 극대화시켜줄 수 있는 탈시간·탈공간의 개념을 우리에게 제공해 주고 있다. 이러한 맥락에서 뉴미디어 환경의 이해 또한 필수적이다.

마지막으로 좋은 콘텐츠에 관한 인식을 확장시켜나가야 한다.

뉴미디어의 익명성으로 인한 미디어의 윤리의식이 사회적인 문제점으로 대두되고 있다. 이는 위에서 논의한 적극적인 관객참여의 의미와는 구분된다. 우리는 결과가 '좋은' 콘텐츠 개념을 경제적 가치에만 집중해 왔다는 지적을 피해가기 힘들 것이다. 이러한 과정에서 우리의 미디어 환경은 '건강한 만남'의 의미를 상실하고 있는 듯이 보인다. 올드미디어의 '막장' 논란부터 뉴미디어의 '폭력'의 문제까지, 이는 미디어만의 문제라기보다는 미디어가 매개하는 우리사회의 일상적 모습일지도 모른다. 이러한 모습들이 그대로 미디어 속에서 표출되고 있다. 바슐라르가 이야기하는 자연적 상상력, 마크 존슨의 도덕적 상상력의 문제는 단순히 윤리적 차원에서만 다루어질 문제가 아니다. 결국 좋은 콘텐츠의 문제는 좋은 상상력의 문제로 귀결되며, 우리가 내면 깊숙이 간직하고 있는 문화교류의 목적, 즉 다름과의 만남의 의미를 정직하게 말할 수 있을 때, 그것이 결국 좋은 콘텐츠로 작용하면서 우리가 원하는 진정한 문화교류의 의미를 만들어 갈 수 있다는 점을 인식해야 한다.

아래의 그림에서 설명하고 있는 CMS의 개념도는 이러한 관계와 소통을 위한 기본적인 문화의 흐름을 바탕으로 전략적인 사업화의 과정을 도식화 하고 있다. 한국문화의 글로컬화는 일상 속에서 다름과의 만남의 의미를 구체화시키는 맥락에서 전략구성의 의미를 가질 수 있다는 것을 한국문화콘텐츠 관리시스템이 보여주고 있다. 미디어와 콘텐츠는 문화교류의 필요와 목적에 부합하는 의미공간을 제공하면서, 상호간 만남의 만족도를 높여갈 수 있는 가치를 나눌 수 있을 때 그 의미와 역할을 가질 수 있을 것이다.

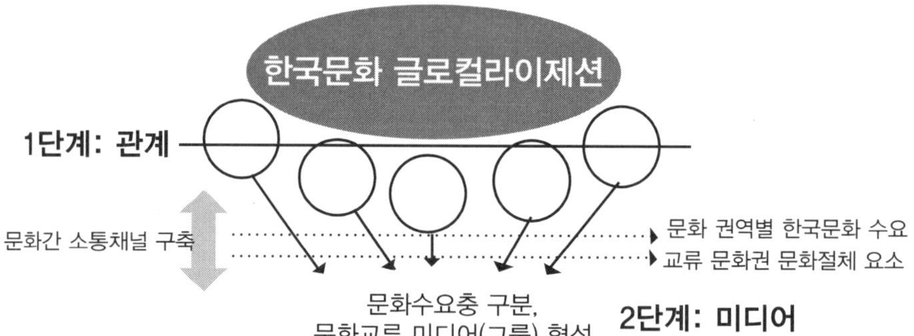

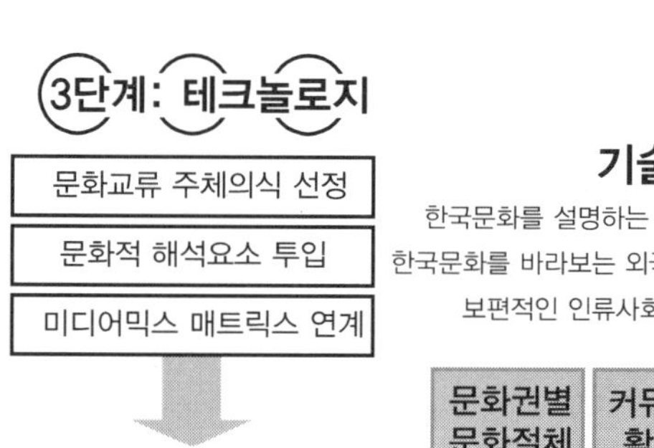

이와 함께 한국문화콘텐츠를 다루는 기술적인 방법론 측면에서 미디어콘텐츠를 기획하는 몇 가지 관점을 짚어보아야 할 것이다. 첫째, 한국문화를 설명하는 모든 것들이 부분과 전체로 한국문화임을 인식하고, 자신감을 가지고 자신의 방식을 만들어 나갈 수 있어야 한다. 세상을 바라보는 주관성은 사회적 합의를 통하여 객관성을 확보한다. 보다 다양한 다름이 존재하는 다양한 표현방식을 지향해야 한다.

둘째, 우리의 일상문화와 전통문화를 바라보는 외국인의 시선을 살펴보고, 이를 중심으로 가장 보편적으로 일상과 전통을 설명할 수 있는 한국문화의 기준을 만들어야 한다. 21세기 문화는 상호소통을 위한 언어의 기능을 함께한다. '문화의 언어'는 질서와 규칙의 습득 측면보다는 보편적가치의 공유를 통하여 얻어질 수 있다. 이는 상대방을 적극적으로 이해하려는 자세에서 비롯된다는 사실을 명심해야 할 것이며, 이러한 맥락에서 상대 문화와의 진실된 대화를 만들어가려는 자세를 가져야 할 것이다.

셋째, 스토리텔링은 표상적인 소통의 보편적인 가치를 가지고 있음을 인식하고, 이를 위해 각국의 이야기를 분석함과 동시에, 이것이 상징하는 보다 보편적인 인류사적 가치와 의미를 찾는데 노력해야 한다. 우리가 전 세계의 많은 이야기 구조 속에서 찾을 수 있는 공통점은 '인간'이라는 공통분모이다. 인문학적 접근을 통한 인간내면에 대한 연구와 함께, 각 문화권이 이를 어떻게 특징적으로 표상하고 있는지에 대하여 상호간 공감을 만들어 갈 수 있도록 창조적인 상상력을 가지고 살펴보아야 할 것이다.

넷째, 기존 미디어를 연결하여 새로운 의미를 만들 수 있는 가능성을 적극적으로 모색하여야 하며, 새롭게 무엇을 만든다는 의미 이전에 이러한 코드들의 연결을 통하여 새로운 가치로서 평가받을 수 있는 기회를 확대해야 한다. 그림과 영상은 복합적인 이미지를 함축하고 있다. 이를 자유롭게 해체하고 융합할 수 있어야 할 것이다. 너무도 많은 이미지가 존재하는 시대이다. 더 이상 '무언가를 만든다product'는 강박적 개념에서 벗어나 '자유로운 상상이 곧 콘텐츠'임을 인식해 나가야 한다.

2) 한국문화교육시스템

TV5monde의 예에서 살펴보았던 것처럼, 외국어교육을 위한 문화교육과 영상콘텐츠 활용의 중요성은 점점 더 커지고 있다. 하지만 언어교육의 전반적인 내용을 영상콘텐츠에만 의존하는 경우 또한 교육의 내용을 담보하지 못하는 것이 현실이다. 외국인을 위한 한국어교육 시스템을 마련하기 위한 노력들이 다양하게 진행되어지고 있다. 면대면 교육의 중요성과 성과에 대해서는 누구도 그 효과를 의심하지 않지만, 언어교육의 특성상 배우고자하는 언어권의 문화를 이해하지 못하고는 진정한 교육효과를 가질 수 없다는 것 또한 교육현장의 한결같은 목소리이다. 이를 위한 대안적인 노력으로 미디어를 활용한 문화교육의 예가 대표적으로 논의되고 있다. 우리는 외국어교육을 수행하면서 미디어를 통한 문화교육의 중요성을 확인했다. 미디어를 활용한 교육은 비단 문화교육의 영역으로 국한되지는 않지만, 특히 외국인을 위한 제2외국어교육의 경우 문화권의 이해를 위한 시청각교재의 활용은 그 의미가 다른 영역에 비하여 상대적으로 크다고 할 수 있다.

이러한 맥락에서 TV5monde에서 살펴보았던 미디어를 통한 문화보급과 언어교육의 관계는, '한국문화교육과 한국어교육'의 관계 속에서 미디어활용방안을 다시금 살펴보게 한다. 현재의 미디어기술을 중심으로 미디어 네트워크의 환경과 특성을 이해하면서 가장 크게 개념적으로 활용할 수 있는 부분은 올드미디어와 뉴미디어의 역할을 중심으로 한 재매개의 개념이다. 그리고 우리는 이러한 개념 속에서 몰입과 대화의 개념을 추출하였고, 이를 매개하는 행위의 개념으로 체험을 고찰하였다. 문화교류주체들의 관계와 소통의 맥락에서 미디어네트워크 속에서 어떻게 몰입과 대화의 관계를 유지하면서, 이들이 체험의 행위를 연속적으로 이어갈 수 있을지의 문제가 미디어를 활용한 한국문화교육의 범주라고 할 수 있다. 이를 위하여 한국문화교육을 위한 개념들을 시대적 요구에 맞게 새롭게 정립해야 할 것이다.

첫째, 한국문화교육은 한국문화를 부분과 전체로 설명하는 상위개념으로 인식하면서, 분야별 교육적 요구를 통합적으로 수행할 수 있는 새로운 프레임으로 작용해야 한다. 문화는 더 이상 기존의 사회분류체계속의 하부개념으로 예술 및 여가의 개념으로만 설명되어지지 않는다. 현재를 살아가는 한국인들의 삶의 양식으로서 시공간의 개념을 초월하여 한국의 모습을 설명하고 있다. 이러한 맥락에서 한국문화교육은 내부적으로 정체성을 공유하는 집단이 본인의 정체성을 공고히 하면서 자신의 삶을 설명하는 틀로서 작용하여야 할 것이며, 외부적으로 한국문화에 관심을 가지는 외부인들이 한국문화를 이해하고 체험하는 미디어로서의 기능을 수행해야 할 것이다. 이를 위하여 한국문화교육은 현재 한국의 모습을 분야별로 나누고, 또한 이를 연계시키면서 전체적으로 한국을 설명할 수 있는 교육적인 체계를 갖추어 나가야 할 것이다.

둘째, 한국문화교육을 위한 시스템은 몰입과 대화의 미디어적 특성을 이해하고, 한국문화를 수평적, 수직적으로 이해할 수 있는 체험네트워크의 층위를 통하여 한국을 전 방위적으로 이해할 수 있는 기준을 마련해야 한다. 몰입과 대화는 비단 미디어적 특성만은 아니다. 권위주위와 계몽주의의 일방향적인 사회제도와 시스템은 교육을 비롯한 기존 사회분류체계의 전 방위적인 소통구조의 변화를 요구하고 있다. 이는 탈시간, 탈공간을 추구하는 현재와 같은 국가 간 문화교류의 현장에서 더 이상의 근대적 위계가 존재할 수 없음을 보여주고 있다. 뉴미디어기술을 비롯한 미디어네트워크는 단순히 기술력을 중심으로 우리사회의 변화 요구를 보여주고 있다기 보다는, 시대가 요구하는 가치를 실재적으로 보여주고 있음을 인식해야 할 것이다. 이러한 몰입과 대화의 시대흐름 속에서 쌍방향성, 상호호혜성의 문제는 더 이상 재론의 대상이 되지 않을 정도로 일상화된 가치이다. 중요한 것은 우리가 한국문화교육시스템을 만들어 나가는 데에 있어서 수용자가 무엇을 원하는지에 대한 정확한 수요조사, 그들이 원하는 정보를 공유하면서 우리의 현재 모습이 어떻게 긍정적으로 변화할 수 있을지에 대한 고찰, 그리고 무엇보다도 이러한 모든 제반 여건들이 관계와 소통의 맥락에서 어떻게 작용할 수 있을지에 대한 깊이 있는 고려가 앞서야 한다는 것이다. 이를 위하여 어떻게 한국문화체험의 실천적인 개념을 만들어 나갈지를 '체험-콘텐츠'의 관계 속에서 답을 찾아야 할 것이다.

셋째, 한국문화의 글로컬화를 통한 문화 간 소통 가능성을 고찰하기 위하여 문화융합 관점의 문화적 포용력을 지녀야 할 것이다. 문화중국 관점의 중심문화와 주변문화와의 관계고찰, 추상과 코드의 개념을 활용한 새로운 의미의 연결, 디지털의 개념을 활용한 문화절체의 개념 도출 등을 통하여 한국문화의 의미단위를 '우리가 보여주고 싶은 것'에서 '우리가 보여 지는 것'으로 의미를 전환시켰다. 이는 문화의 개념을 다름의 시선으로 정의하는 수동受動의 개념으로 받아들이고자 함이 아니라, 다름과의 관계와 소통을 진전시키기 위한 적극적인 능동能動의 개념을 요구하고 있음을 보여주고 있다. 단순히 '이것이 한국문화이다.'라는 선언적 정의의 차원을 넘어서서, '이것도 한국문화이다.'라는 개념을 확장시켜나갈 수 있는 다양한 실험과 도전을 만들어 나가야 함을 의미한다. 보다 많은 문화권과의 교류 속에서 한국문화의 범주를 확산시킬 수 있도록, 한국문화의 정체성을 확립하기 위한 노력과 함께 타문화권과의 교류를 한국문화권내에서 설명할 수 있는 적극적인 해석이 필요하다. 현재의 한국을 일상적으로 설명할 수 있는 기초 작업들을 통하여 한국문화는 보편성과 다양성을 함께 추구해 나갈 수 있을 것이며, 한국문화교육은 관계를 확장시킬 수 있는 문화 간 가교假橋의 역할을 수행 할 것이다.

한국문화교육에 대한 새로운 개념정리와 함께, 국가 간 문화교류를 위한 한국문화교육의 필요성을 실천적인 체험으로 연결시켜 나가기 위하여 단계별 전략구성의 원칙들을 세워나가야 할 것이다.

첫째, 한국문화교육을 위한 미디어의 개념을 새롭게 정립해 나가야 한다. 미디어에 대한 개념의 활용은 한국문화와 문화교육의 관계 속에서 좀 더 의미 있는 고찰을 하게 만든다. 비매개와 하이퍼매개는 비단 현재의 대중미디어와 뉴미디어 관계만을 이야기하지 않는다. 이는 역사 속 문화와 문화유산, 전통문화와 일상문화, 더 근본적으로 인간의 심상과 이미지의 표상 문제로 의미를 확장해 볼 수 있다. 원형성을 추구하는 미디어는 보다 깊이 있는 '자기성찰'을, 현재화를 지향하는 미디어는 적극적인 '자기표현'을 지향해 나가야 할 것이다. 원형성을 지향하는 비매개의 미디어는 의미의 추상화를 통하여 코드의 개념을 만들고 보다 함축적인 가치를 담아낼 수 있는 노력을 만들어야 할 것이고, 하이퍼매개의 미디어는 이러한 코드화된 의미를 가지고 다른 문화권과의 관계와 소통 속에서 새로운 의미를 만들고 그 의미영역을 확장해 나갈 수 있도록 적극적인 관계의 자기화를 추구해야 할 것이다. 이러한 맥락에서 한국문화체험의 층위는 한국문화교육의 지향점을 제시한다고 할 수 있다. 중심문화와 주변문화의 유기적인 개념의 연결을 통하여 보편성과 다양성을 함께 추구하려는 노력이 한국문화교육을 위한 단계별 콘텐츠의 지향점으로 논의되어져야 할 것이다.

둘째, 외국인의 한국문화 수용단계를 고려하여 역외권역 부터 단계별 전략을 세워나가야 한다. 미디어를 통한 한국문화교육 해외현지화의 맥락이 단순히 원격교육의 차원에서만 다루어진다면 기계적 소통의 한계를 벗어나기 힘들다. 한국문화교육 해외현지화의 개념은 현재의 한국문화를 다루는 표상의 단계로 인식하여야 할 것이며, 단계별 한국문화의 표상을 중심으로 어느 단계의 수용자를 위한 한국문화교육인가의 수용단계를 분석하는 것이 중요하다. 문화교류주체들의 일상문화권에서 한국문화가 소비되는 형태를 중심으로 실질적인 문화수요분석이 이루어져야 할 것이며, 이는 다양성 확보의 차원에서 보다 다양한 한국문화교육 콘텐츠들이 유기적으로 연계할 수 있는 방안들을 모색하는 데에서 출발해야 할 것이다. 엔터테인먼트콘텐츠나 뉴미디어콘텐츠에 국한되지 않도록 다양한 분야의 미디어콘텐츠를 접할 수 있는 기회를 제공해 나가는 것과 동시에 이러한 미디어체험이 한국의 중심문화로 접근하면서 문화적 충돌을 일으키지 않도록 전체적인 맥락의 연계성을 확보해 나가는 것이 중요하다고 할 수 있다.

셋째, 한국문화를 소재로 한 한국문화콘텐츠의 보편성과 다양성의 문제를 검토해 보아야 할 것이다. 우리는 그동안 국가 간 문화교류의 범주를 너무도 거대담론의 형식으로 논의하였다. 미디어를 통한 한국문화 보급 사업을 국가인프라의 개념으로 인식하고, 대부분의 경우 국가 간 시스템교류차원에서 논의해 왔다. 위에서 언급한 대로, 자기성찰과 자기표현, 몰입과 대화의 측면에서 보자면 한국문화의 글로컬화는 '자기표현'과 '대화'의 측면을 강조해야 한다. 이는 분야별 자기화의 지향점이 다름을 인식하면서 보다 다양한 문화권과의 대화를 시도하는 노력으로 해석할 수 있다. 추상화된 코드를 가진 한국문화의 핵심적인 가치를 다양하게 해석하려는 노력들이 한국문화콘텐츠의 영역에서 이루어져야 할 것이고, 이들의 부분과 전체를 아우를 수 있는 통합적인 한국문화교육시스템의 원칙과 기준을 만들어야 할 것이다.

한국문화의 글로컬화를 위한 단계별 한국문화교육시스템은 내부적으로 한국문화의 핵심가치를 심도 깊게 다루어 한국문화권내의 다양한 일상들을 설명해 나감과 동시에, 한국문화와 교류하고자 하는 문화권의 관계까지 설명할 수 있는 보편적 가치를 지향해야 한다. 이와 함께 한국문화의 범주를 확산시켜나가기 위한 다양한 시도들이 현지화권역에서 이루어져야 할 것이며, 한국문화교육시스템은 이러한 한국문화의 중심과 주변을 통합시키며 관계와 소통을 확장시켜나갈 수 있는 매개의 역할을 할 수 있어야 한다. 한국문화의 범주를 넓히는 글로컬라이제이션 전략구성은 보다 인류사적인 보편가치를 추구해 나가는 과정 속에서 한국문화의 발전적인 위상을 만들어 나가야 할 것이다. 한국의 다양한 일

상을 설명할 수 있는 한국문화의 정체성, 일상 속 다름과의 관계
와 소통을 활성화시켜나가는 미디어의 기능과 역할, 그리고 이
러한 관계와 소통의 의미를 확장시켜 나가는 과정 속에서 한국문
화교육시스템이 의미를 가질 수 있을 것이며 이는 곧 한국문화와
교류하고자 하는 주체들의 문화적 수요와 연계된다는 점을 잊어
서는 안 될 것이다.

3) 한국문화 미디어네트워크

신한류의 열풍을 주도하는 K-pop이나 숨피 등 뉴미디어콘
텐츠의 예에서 볼 수 있었던 것처럼, 스타시스템이나 뉴미디어를
활용한 미디어콘텐츠는 현재와 같은 문화소비 구조 속에서 절대
적인 힘을 발휘하고 있는 것이 사실이다. 문화 산업론의 관점에
서 국가 간 문화교류의 실질적인 교류 명분을 찾는다는 것이 단
편적인 논의의 대상이 될 수 있지만 이러한 엔터테인먼트콘텐츠
와 뉴미디어콘텐츠의 소비구조를 통하여 수용자입장의 문화소비
구조를 파악하고, 문화융합 관점에서 한국문화의 글로컬화를 위
한 구체적인 방법론을 모색한다는 차원에서는 의미를 가진다고
할 수 있다.

K-pop과 숨피의 관계는 여전히 몰입과 대화의 차원으로 이
해해 볼 수 있다. 이는 엔터테인먼트산업분야에서 얻을 수 있는
한국문화의 글로컬화를 위한 구체적인 사례이며, 문화융합 관점
에서 한국문화의 글로컬화는 '현지인들과의 만남을 추진할 수 있

는 다양한 방안을 모색해야 한다.'는 원칙을 다시 한 번 확인시켜 주고 있다. 한국문화와 현지문화가 교류할 수 있는 시공간의 개념으로서 상위개념의 미디어를 규정하고, 한국문화를 대표할 수 있는 미디어와 현지문화를 대표할 수 있는 미디어가 한자리에서 모여서 또 다른 의미의 미디어로서 융합할 수 있는 개념으로 이해해야 한다는 것이다. 이렇듯 미디어의 개념을 확대하여 해석하는 것은 우리가 어떻게 현지에서 적극적으로 만남의 기회를 만들어나갈 수 있을 것인가의 관점에서 국가 간 '미디어-미디어'의 연결을 의미있게 바라보게 한다.

국가 간 '미디어-미디어'의 연결은 단순히 한국문화가 해외현지에서 보여 질 수 있는 공간을 확보한다는 의미를 넘어, 일상문화와의 만남을 통하여 보다 다양한 관계와 소통을 만들어 갈 수 있는 기회를 제공한다. 이러한 기회를 통하여 동일한 목적을 지향하는 그룹간의 만남과 교류를 확대시켜나가는 구체적인 역할을 미디어콘텐츠가 수행해 나가야 할 것이다. 이러한 관계의 확장은 또 다른 의미의 미디어를 창출해 낼 것이며, 문화교류의 실재로서 미디어가 기능할 수 있는 근거를 제시하게 된다. 그들과 함께하는 일상적인 모습들을 미디어기기에 담아내고, 그들과의 관계와 소통을 지속적으로 대화의 창으로 유도해 나가기 위한 노력들이 미디어의 개념 속에서 활발히 병행되어져야 할 것이다.

TV5monde 등의 예를 통하여 알 수 있었던 것처럼, 현재 진행되어지고 있는 방송시스템을 활용한 국가 간 문화보급 사업은 자국의 일상문화와 현지의 일상문화를 함께 다루어내는 데에는 구조적인 한계를 드러내고 있는 것이 사실이다. 이는 방송시스템이 가지는 자국문화중심주의의 개념적 한계로 지적해 볼 수도 있지만, 일반적인 미디어의 연결_{'방송—방송'}만으로 문화교류의 의미를 설명하는 상위 개념을 담아내는데 한계를 드러낼 수밖에 없다는 점을 보여준다고 할 수 있다. 방송 및 방송시스템은 현상과 실재를 담아내는 방식에 관한 문제이다. 실질적인 교류가 활성화되지 못하는 미디어의 개념은 기술적인 차원의 이해를 넘어서지 못한다. 하지만 기존의 방송시스템을 활용한 문화교류는 한국문화의 글로컬화를 위한 네트워크 개념 형성의 차원에서 또 다른 가능성을 보여주고 있다.

한국문화 미디어네트워크의 확대

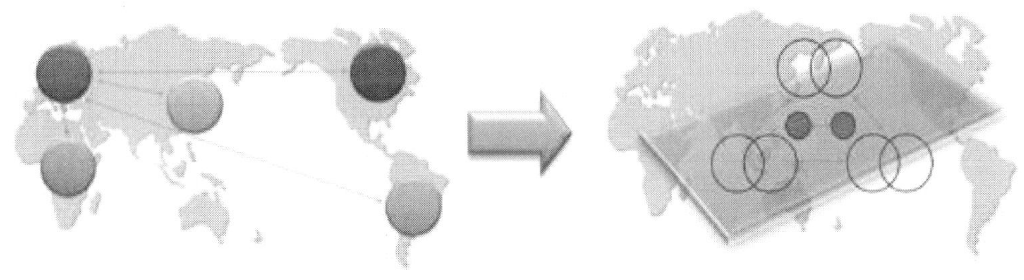

위 그림의 왼편에서 보여주고 있는 TV5monde의 권역별 네트워크의 개념은, 한민족 네트워크를 지향하는 KBS월드나 자국문화홍보를 위한 아리랑TV에 비하여 문화융합관점의 기술적 네트워크 형성은 평가할 만하다. 하지만 한국문화의 글로컬화는 이

러한 방송시스템의 인프라스트럭쳐의 확장을 통한 기계적 소통의 가능성만을 의미하지는 않는다. 이는 TV5monde가 국가차원에서 대규모의 재정적인 투자가 이루어지고 있는 것에 비하여 문화융합 관점의 실질적인 현지화의 개념에 도달하지 못하고 있는 개념적 한계를 드러내는 주요원인으로 본고는 지적한다.

위 그림의 오른편에서 보여주고 있는 한국문화 미디어네트워크의 개념은 현지문화와의 교류를 통하여 관계와 소통의 실재를 만들고 이러한 만남의 의미를 시공간을 넘어서 지속적으로 만들어 나가기 위한 미디어기술의 활용을 보여주고 있다. 이러한 개별문화권과의 문화융합적 관계지향은 또 다른 문화권과의 연결을 통하여 의미를 확장해 나갈 수 있음을 보여주고 있다.

문화융합관점의 국가 간 '미디어-미디어' 연결의 문제는 단순히 현지문화와의 만남을 위한 일방적인 현지공간의 확보만을 의미하지 않는다. 문화 간 관계와 소통을 지속적이고 발전적으로 지향해 나가기 위해서는 문화권내 조직간 소통의 활성화가 이루어 져야함을 보여주고 있으며, 이는 상호 문화적 교감을 담아내는 미디어를 필요로 한다. 이는 문화교류를 매개하는 국가 간 문화교류의 실재로서 미디어는 기본적으로 쌍방향을 추구해야 한다는 것을 의미한다. 이러한 맥락에서 한국 내 문화수용을 위한 기반매체 즉, 거점 확보의 노력이 함께 이루어져야 할 것이다. 위 그림의 오른편에서 보여주고 있는 문화교류의 미디어적 실재는 상호 문화교류의 표상으로서 미디어 네트워크 공간에 존재한다. 문화교류의 실재는 교류하는 주체들이 문화공간을 함께 공유함으로써 그 의미를 가진다고 할 수 있다.

이러한 한국문화 미디어 네트워크는 보다 많은 문화권과의 양적인 만남의 의미 뿐 아니라 한국문화 가치의 대내외적 성찰과 성숙을 다시 한 번 강조하고 있다. 한국문화의 보편성은 보편과 개별의 관계를 일상적으로 설명할 수 있어야 한다. 한국문화의 글로컬화는 다른 문화권과의 일상적인 만남을 전체적으로 설명할 수 있어야 한다. 이는 단순히 다문화사회에 진입한 한국사회의 일면을 다루는 차원을 넘어서서 교류문화권과의 실질적인 교류를 주도하는 역할로, 그리고 한국문화의 일상적인 가치로 문화교류의 의미를 해석하는 차원으로 미디어의식media ritual이 바뀌어야 한다는 것을 말하고 있다. 미디어가 이 시대의 무엇을 표상하고 있는지, 그리고 무엇을 표상하여야 하는지에 대한 가치의 문제로 다시 한 번 고민해 보아야 할 시기이다.

이와 같은 미디어의식의 변화는 우리가 일상을 어떻게 바라보고 설명해 나가야 할지에 대한 전향적인 사고를 의미한다. 닉 콜드리는 미디어가 가지는 사회적인 합의의 담론화, 권력화의 문제점을 극복해 나가야 한다는 현실적 문제의식을 지적하고 있다. '미디어－미디어콘텐츠'관계가 더 이상 과거의 미디어비평의 범주에 속하지 않기 위해서 무엇을 노력해야 하는지를 고민해야 한다. 문화교류의 내용을 미디어 속에 담는 과정에 우리의 문화교류에 대한 생각과 의지가 그대로 드러난다는 것을 잊어서는 안된다. 문화교류에 대한 진정한 태도가 미디어를 통하여 보여 질 수 있도록 노력해야 할 것이다.

V

한국문화의
글로컬화를
위한
미디어
콘텐츠의
역할

우리가 일상에서 경험하고 있는 문화는 새로움의 대상이 아니다. 이는 우리가 살아왔던 시간들이고, 우리가 살아가고 있는 시간들, 그리고 우리가 앞으로 살아가야 할 시간들의 종합이다. 우리는 문화의 시각으로 세상을 바라보기 시작하였고, 문화로 설명되는 우리의 일상을 새로움과의 만남을 통해 보다 진화된 가치를 지향한다. 국가간 문화교류는 이러한 개별문화권의 가치가 확대되어 보다 폭 넓은 관계와 소통의 의미를 표상한다.

한국문화의 글로컬화도 이런 맥락에서 설명되어야 하며, 문화간 소통과 지향점도 결국 각자 일상의 삶을 풍요롭게 하는데 목표를 두어야 한다. 일상은 그 속에서 삶을 이어가는 사람들의 시간이자 공간이다. 그래서 모든 문화는 각기 고유성에 기초하고 있는지 모른다. 만일 그 고유성을 지키는 것이 관건이라면 하나의 문화에로의 환원, 즉 문화의 '글로벌화'는 하나의 환상일 수밖에 없고 정당성도 없는 요구다.

본 연구에서 살펴본 문화와 정체성, 글로컬라이제이션과 문화융합, 문화와 미디어의 관계고찰을 통해 제시한 문화에 대한 인식의 전환은 일견 우리가 문화를 통하여 국가적 차원의 신산업동력을 얻고자 하는 의지와 상반되는 듯이 보이기도 한다. 하지만 본고에서 살펴본 바와 같이 문화와 미디어에 대한 근본적인 인식의 변화가 없이 그 의미를 통한 산업적인 측면으로만 접근한다면 문화의 보편성과 개별성을 통해 안정과 변화를 도모하려는 일상의 가치를 무력화시키게 된다. 문화의 본원적인 의미 고찰, 즉, '자연-인간', '사회-인간', '미디어-인간'의 관계 고찰은 지금 우

리가 문화를 통하여 우리의 일상을 설명하고, 문화를 통해 상호
간 관계와 소통의 중요성을 인식하며, 이러한 관계와 소통을 확
장시켜나가는 가운데 의미를 가질 수 있다. 그리고 이는 문화교
류의 본원적인 가치와 연결되어진다.

우리가 지금까지 살펴 본 전체 내용을 표로 제시해보면 아래
와 같다.

구분	개념	내용
1장	문화융합적 사고	문화, 미디어, 상상력의 관계와 문화융합적 사고
2장	글로컬라이제이션과 문화융합	글로컬라이제이션과 문화융합적 사고 문화융합과 미디어
	디지털과 문화절체	디지털과 문화절체 문화융합관점의 미디어콘텐츠
3장	한국문화의 복합적 수요와 미디어	해외사례분석(TV5monde) 한국문화의 복합적 수요와 한국문화체험의 층위
4장	한국문화의 글로컬화를 위한 미디어콘텐츠기획	글로컬 관점의 문화융합과 신한류 한국문화 체험 네트워크 한국문화콘텐츠 통합관리시스템

미디어철학의 관점에서 문화와 미디어의 본원적인 개념을 고
찰하고 현재 시점에서 일상을 지배하고 있는 미디어환경을 어떻
게 받아들여야 하는지에 대한 문제, 그리고 일상 속 생활양식과
기술문명의 문제를 어떻게 관계와 소통의 맥락에서 시대사적으로
해석할 수 있을 것인가의 차원에서 문화융합적 사고의 필요와 의
미를 살펴보았다. 문화융합적 사고는 우리가 일상에서 경험하고
있는 문화와 문명의 관계, 일상과 전통의 관계, 문화권과 문화권
의 관계 등 일상을 복잡하게 만드는 수많은 관계들을 새로운 일

상적 필요에 따라 그 의미를 살피게 하고 있다. 이는 또한 모든 관계의 출발인 자기자신의 내적성찰을 중요시하면서, 자신으로부터 출발하는 모든 관계와의 만남을 확장시켜나갈 수 있는 태도를 갖추는 것에서부터 그 준비가 이루어져야 함을 말하고 있다.

이미 누차 언급한 바와 같이 현대 기술문명이 주도하는 디지털은 도구로서 일상의 삶을 유용하게 만들어주는 문명의 이기利器이기도 하지만, 더 적극적으로 이야기하자면 인류가 세상과의 소통을 확장시켜나가기 위해 만들어 낸 매개의 개념이라는 사실을 상기할 필요가 있다. 뿐만 아니라 디지털은 '너와 나'의 관계, 즉 사람들 사이의 유대감을 확장시켜주는 매개체이기도 하다. 그런 점에서 디지털은 문화의 글로컬라이제이션과 그 맥을 함께 한다. 우리가 문화로 일상을 설명하고, 이러한 일상의 범주를 확대해 나가는 가운데 문화 간 소통의 가능성을 논의할 수 있을 것이다. 이러한 일상의 가치가 복합되는 개발문화권은 그 자체로 하나의 의미단위를 생성하며, 이는 또한 문화 간 관계와 소통을 통하여 또 다른 보편과 개별의 의미를 생성하게 된다. 이를 위해 내재적 가치차원의 정체성 확립과 외향적 가치차원의 관계와 소통을 위한 노력들이 병행되어져야 할 것이다.

이러한 다양한 관계의 고찰과 의미의 연결을 통하여, 일상을 설명하는 문화와 이를 매개하는 미디어 개념은 국가 간 문화교류의 의미를 새롭게 하면서 문화, 미디어, 콘텐츠의 관계를 새롭게 범주화시킬 것이다. 이를 한국문화의 글로컬화와 연관시켜 구체적으로 설명해보자면 다음과 같다.

  첫째, 한국문화를 표상하는 과거와 현재의 미디어 개념을 광의
와 협의로 구분하고, 일상적인 모습을 중심으로 그 가치를 연결시
켜나가야 한다. 한국문화가 가지는 무형의 핵심가치를 표상하는 한
국문화유산은 우리가 보다 풍요롭게 현재를 설명할 수 있는 중요한
자산이다. 이는 과거의 시간 속에서 '우리가 무엇을 하면서 살아왔
다.'는 역사적 의미보다 '그래서 우리는 이렇게 살고 있다'의 의미
로 현재를 살아가는 우리의 모습 속에서 활성화되어야 할 것이다.
이는 또한 우리가 타문화권과 교류를 통하여 보다 많은 삶의 지혜
를 얻을 수 있는 자산으로 작용할 것이며, 또한 타문화권이 우리와
문화교류를 하게 하는 근본적인 동인이 될 수 있다.

  둘째, 한국문화를 매개하는 미디어환경의 이해를 통하여 새로
운 문화 간 소통방식을 이해하고, '비매개-하이퍼매개'의 관계 속
에서 고찰한 미디어콘텐츠의 기능과 역할을 구분하면서 '인간-인
간', '문화-문화' 관계의 활성화를 위하여 '미디어-인간'의 관계
가 어떻게 작용할 수 있을지에 관한 방향성을 모색해 나가야 할
것이다. 현재의 뉴미디어기술이 보여주고 있는 기술문명은 인간
소통방식의 근본적인 문제제기에 의한 표상으로 나타나고 있음을
인지해야 한다. 20세기 권위주의적인 일방향 문화소통방식은 소
통하는 관계의 불균형을 초래하였고, 이는 문화 간 소통방식의 근
본적인 변화를 요구하게 되었다. '대중미디어-문화제국주의'관
계는 문화 간 소통이 필요로 하는 적극적인 자기표현을 담아내는
데 한계적 상황을 보여주고 있으며, 이는 보다 많은 문화교류주체
들의 참여를 제한하고 있다. 현대의 쌍방향 소통의 의미는 단순히

정보의 흐름이 양방향성을 가진다는 기계적인 의미로 해석하기 보다는 상호간 적극적인 자기표현을 담아내고, 이러한 자기표현의 만남을 통하여 새로운 의미를 생성할 수 있어야 함을 새로운 미디어환경은 보여주고 있다. 한국문화를 표상하는 미디어는 이러한 '몰입'과 '대화'의 현대적 의사소통구조를 이해하고, 이러한 문화 간 소통을 매개할 수 있도록 작용하여야 할 것이다.

셋째, 한국문화를 표상하는 미디어와 미디어콘텐츠는 한국문화의 내재적 가치를 매개하면서 보다 핵심적인 가치를 표상하는 몰입의 관점에서 보편성을 추구해 나가야 할 것이고 이를 교류하는 주체들과의 만남을 통하여 그 범주를 확산시켜나갈 수 있어야 한다는 대화의 관점에서 다양성을 추구해야 한다. 한국문화에 대한 깊이 있는 고찰은 우리가 역사 속에서 무수히 많은 관계와 소통을 통하여 문화의 가치를 연결시켜왔고, 이러한 시대별 가치가 수많은 문화유산 속에 상생의 의미로 내재하고 있음을 알게 한다. 이러한 역사 속 한국문화유산은 현재 시점에서 또 다른 관계와 소통을 통하여 그 의미를 확산시켜나갈 수 있다. 몰입의 미디어콘텐츠는 이러한 한국문화의 포용 가치를 찾고, 대화형 미디어콘텐츠가 이를 통하여 대화의 범주를 넓혀나갈 수 있도록 연계되어야 할 것이다. 몰입의 요소를 다루는 대중미디어는 우리가 상대방과 보다 진지하고 친밀한 대화를 나눌 수 있는 기회를 제공하고, 뉴미디어는 이를 중심으로 다양한 계층과 만남의 층위를 폭 넓게 만들 수 있도록 작용해야 할 것이다.

넷째, 문화 간 관계와 소통을 위한 미디어콘텐츠기획은 더 이상 '무언가를 만든다.'의 강박관념에서 벗어나, 교류하는 주체들의 진전된 만남을 위한 자유로운 상상에 중점을 두어야 한다. TV5monde의 예에서 살펴보았던 것처럼 더 이상 인프라스트럭쳐 중심의 관계와 소통을 위한 노력은 시대착오적인 발상의 범주를 벗어나지 못한다.

기존의 한국문화콘텐츠는 무수히 많은 유형의 자산을 우리에게 선사하고 있다. 지금 우리에게 필요한 것은 이러한 유형의 자산을 관계와 소통의 맥락에서 분절하고 코드화하여, 이러한 코드들을 소통을 위한 의미생성으로 연결시켜나가는 것이다. 우리의 일상을 풍요롭게 하기 위한 이와 같은 문화와 미디어의 시대사적 의미고찰은, 결국 인간의 창조적인 상상력의 문제로 귀결될 수밖에 없음을 인식해야 한다. 이러한 창조적인 상상력의 문제는 관계와 소통의 진전됨을 위한 자연적 상상력, 도덕적 상상력의 문제, 즉 본원적인 인류사적 가치지향의 문제로 회기 한다. 보다 깊이 있는 인문주의적 성찰을 통하여 '상상력이 곧 콘텐츠'인 상황을 만들어 가는 것이 가장 경쟁력 있는 킬러콘텐츠를 만드는 토양이 될 수 있음을 잊지 말아야 할 것이다.

결론적으로 한국문화의 글로컬화를 위하여 미디어콘텐츠의 역할은 지대하다고 볼 수 있다. 콘텐츠의 미래를 예언하는 많은 사람들은 경제적 가치는 물론이고 부가적인 가치의 창출을 기대하고 있다. 이는 미디어콘텐츠가 담보해야 할 현실적인 과제임에 틀림이 없다. 하지만 '무엇을 위한?', '왜?'와 같은 물음은 여전히 제기된다. 보다 유익한 스토리를 만들고, 새로운 서비스를 개발하는 것이 과연 누구를 위한 것인가를 한국문화의 글로컬화 과정에서 명심해야 할 것이다.

한국문화의 유산이, 그리고 이를 바탕으로 전개될 한국문화의 미래가 타문화와의 폭 넓은 체험과 이해를 통하여 인류사적 보편 가치로 자리 잡을 수 있기 위해서는 한국 문화의 글로컬화가 무엇보다 중요하다 할 것이다. 그리고 이에 기준해 신한류도 논의되어야 하며, 더 이상 시대착오적인 글로벌화로 치닫지 않으려면 타문화와의 관계를 상보의 개념으로 풀어가야 할 것이다. 이것이 우리가 지난 한류의 경험을 통해 얻은 교훈이다. 결국 우리에게 남은 과제는 신한류를 어떻게 지속적이고 안정적으로 이끌어 갈 것인지에 있다. 그러자면 기본적으로 문화의 '지배−종속'의 관계를 타파하고 보다 관계지향적인 사고를 만들어 내야 할 것이다. 문화교류는 교류에 참여하는 주체들 간의 대화다. 대화가 지속되기 위해서는 상호간 소통의 노력이 전제되어야 한다. 한국문화의 글로컬화는 이제 시작이다. 이를 성취하기 위해서는 자기성찰적인 노력, 즉, 로컬문화의 현주소에 대한 반성이 선행되어야 하며, 글로벌화는 그 다음 문제라는 것을 잊어선 안 된다.

참고문헌

국내 문헌

괴츠 그로스클라우츠, 「간 문화적 매체학: 세계화 담론의 숙원과제」, 『세계화 시대의 문화논리』, 김창민 외 편역 (서울: 한울아카데미), 2005.

김용수, 『영화에서의 몽타주이론』, (서울: 열화당), 1999.

가스통 바슐라르, 『불의 정신분석』, 김병욱 옮김, (서울: 이학사), 2007.

니시다 히로코, 『이문화간 커뮤니케이션』, 박용구 옮김, (서울: 커뮤니케이션북스), 2005.

니콜라스 네그로폰테, 『디지털이다』, 백욱인 옮김, (서울: 커뮤니케이션북스), 1999.

닉 콜드리, 『미디어는 어떻게 신화가 되었는가?』, 김정희·김호은 옮김, (서울: 커뮤니케이션북스), 2009.

데이비드 보드웰·크리스틴 톰슨, 『영화예술』, 주진숙 외 옮김, (서울: 이론과 실천), 2008.

디지에이(DGA: 영국미디어 컨설팅기관), 『영국의 방송프로그램 시장-디지털 시대 프로그램 산업의 과제와 전망』, 조성호 옮김, (서울: 커뮤니케이션북스), 2001.

디터 메르쉬, 『매체이론』, 문화학연구회 옮김, (서울: 연세대학교 출판부), 2009.

뒤랑(G.), 『신화비평과 신화분석-심층사회학을 위하여』, 유평근 옮김, (서울: 살림), 1998.

드보르(G.), 『스펙타클의 사회』, 이경숙 옮김, (서울: 한영문화사), 1996.

뚜웨이밍, 『문명들의 대화』, 김태성 옮김, (서울: 경문사), 2006.

라파이유(C.), 『컬쳐코드』, 김상철·김정수 옮김, (서울: 리더스북), 2010.

랄프 콘너스만, 『문화철학이란 무엇인가』, 이상엽 옮김, (서울: 북코리아), 2006.

랜덜 패커·켄 조던, 『멀티미디어-바그너에서 가상현실까지』, 아트센터 나비 학예연구실 옮김, (서울: 나비프레스), 2004.

레이코프(G.)·존슨(M.), 『삶으로서의 은유』, 노양진·나익주 옮김, (서울: 박이정), 2009

로버트 워드나우 외, 『문화분석』, 최샛별 역, (서울: 한울아카데미), 2003.

마누엘 카스텔, 『네트워크 사회』, 박행웅 옮김, (서울: 한울 아카데미), 2009.

마르코 마르티니엘로, 『현대사회와 다문화주의, 윤진 옮김』, (서울: 한울), 2002.

마루쿠제(H.), 『일차원적 인간』, 박병진 옮김, (서울: 한마음사), 2009.

마리타 스터르큰 · 리사카트라이트, 『영상문화의 이해』, 윤태진 · 허현주 · 문경원 옮김, (서울: 커뮤니케이션북스),2008.

마샬 맥루한, 『미디어의 이해』, 김성기 · 이한우 옮김, (서울: 민음사), 2007.

마크 존슨, 『도덕적 상상력―체험주의 윤리학의 새로운 도전』, 노양진 옮김, (서울: 서광사), 2008.

모리스 메를로―퐁티, 『보이는 것과 보이지 않는 것』, 남수인 · 최의영 옮김, (서울: 동문선), 2004.

박성봉, 『대중예술의 미학』, (서울: 동연), 2001.

박치완, 「글로컬시대의 문화, 문화코드, 문화콘텐츠」, 『문화콘텐츠와 문화코드』, (서울: 한국외국어대학교 출판부), 2010.

방정배 외, 『한류와 커뮤니케이션』, (서울: 보고사), 2007.

백원담, 『동아시아의 문화선택, 한류』, (서울: 펜타그램), 2005.

브라이덴바흐(J.) · 추크리글(I.), 『춤추는 문화』, 인성기 옮김, (서울: 영림카디널), 2003.

브라이언 롱허스트, 『대중음악과 사회』, 이호준 옮김, (서울: 예영커뮤니케이션), 1999.

브렌다 로럴, 『컴퓨터는 극장이다』, (서울: 커뮤니케이션북스), 2008.

빌렘 플루서, 『피상성 예찬』, 김성재 옮김, (서울: 커뮤니케이션북스), 2006.

――――――, 『코무니콜로기』, 김성재 옮김, (서울: 커뮤니케이션북스), 2006.

빌헬름 딜타이, 『체험 · 표현 · 이해』, 이한우 옮김, (서울: 책세상), 2009.

사이먼 안홀트, 『국가브랜드 국가이미지』, 김유경 옮김, (서울: 커뮤니케이션북스), 2003.

송경희, 『아시아 국가의 텔레비전―방송구조, 프로그램, 수용자』, (서울: 커뮤니케이션북스), 2002.

스가야 미노루 · 나카무라 기요시, 『방송미디어경제학』, 송진명 옮김, (서울: 커뮤니케이션북스), 2003.

신명호, 『조선왕실의 자녀교육법』, 박현순·이창인 옮김 (서울: 학지사), 2005.

안 캐이스먼트, 『칼 융』, (서울: 시공사), 2005.

양해림, 「메를로-퐁티의 몸의 문화현상학」, 『철학과 현상학연구』 제14집, (서울: 철학과 현실사), 2000.

앨렌 스윈지우드, 『문화사회학 이론을 향하여-문화이론과 근대성의 문제』, 박형신·김민규 옮김, (서울 : 한울아카데미), 2004.

앨런 스피겔, 『소설과 카메라의 눈』, 박유희·김종수 옮김, (서울: 르네상스), 2005.

오만석, 「21세기 한국문화교육의 새로운 패러다임 탐색」, 『문화의 세기, 한국의 문화정책』, (서울: 보고사), 2003.

요시미 순야, 『미디어문화론』, 안미라 옮김, (서울: 커뮤니케이션북스), 2007.

----------, 『문화연구』, 박광현 옮김, (서울: 동국대학교 출판부), 2009.

원용진, 『대중문화의 패러다임』, (서울: 한나래), 1996.

윤택림, 『문화와 역사연구를 위한 질적 연구 방법론』, (서울: 아르케), 2005.

융 (C.G.), 「원형과 무의식」, 『융 기본 저작집 2』, 한국융연구원 C.G. 융 저작 번역위원회 옮김, (서울: 솔출판사), 2006.

이기상, 『지구촌시대와 문화콘텐츠-한국 문화의 지구화 가능성 탐색』, (서울: 한국외국어대학교출판부), 2009.

-----, 『콘텐츠와 문화철학』, (서울: 북코리아), 2009.

이와부치 고이치, 『아시아를 잇는 대중문화』, 히라타유키에·전오경 옮김, (서울: 또 하나의 문화), 2004.

이종관, 「몸의 현상학으로 본 영상문화-최근 영화현상학의 발전을 중심으로」, 『철학과 현상학연구』 제14집, (서울: 철학과 현실사), 2000.

일레인 볼드윈, 『문화코드 어떻게 읽을 것인가?』, 조애리 옮김, (서울: 한울), 2008.

임마누엘 페스트라이쉬(이만열), 『인생은 속도가 아니라 방향이다』, (서울: 노마드북스), 2011.

장 클로드 바츠, 「유럽의 영상매체: 문명의 관건」, 『세계화 시대의 문화논리』, 김창민 외 편역 (서울: 한울아카데미), 2005.

전규찬 외, 『글로벌시대 미디어 문화의 다양성』, (서울: 커뮤니케이션북스), 2006

제라르 즈네트, 『서사담론』, 권택영 옮김, (서울: 교보문고), 1992.

제이 데이비드 볼터·리처드그루신, 『재매개』, 이재현 옮김, (서울: 커뮤니케이션북스), 2011.

톰린슨(J.), 『세계화와 문화』, 김승현 · 정영희 역, (서울: 나남), 2004.

조한혜정, 『한류와 아시아의 대중문화』, (서울: 연세대학교 출판부), 2003.

존 버거, 『영상커뮤니케이션과 사회』, 강명구 옮김, (서울: 나남출판), 1999.

주은우, 『시각과 현대성』, (서울: 한나래), 2003.

진형준, 『상상적인 것의 인간학―질베르 뒤랑의 신화방법론 연구』, (서울: 문학과 지성사), 1992.

최용준, 『디지털 양방향서비스』, (서울: 커뮤니케이션북스), 2002.

최효찬, 『5백년 명문가의 자녀교육』, (서울: 예담), 2005.

캐더린 벨지, 『문화와 실재 : 라캉으로 문화읽기』, 김전유경 옮김, (부산: 경성대학교 출판부), 2008.

캐이시맨 콩 럼, 『미디어 생태학사상』, 이동후 옮김, (서울: 한나래), 2008

크리스 젠크스, 『시각문화』, 이호준 옮김, (서울: 예영커뮤니케이션), 2004.

――――――――――, 『문화란 무엇인가』, 김윤용 옮김, (서울: 현대미학사), 1996.

키스 디니, 『국가브랜드의 전략적 관리』, 김유경 옮김, (서울: 나남), 2009

프랑크 하르트만, 『미디어철학』, 이상엽 · 강응경 옮김, (서울: 북코리아), 2008.

프리드먼(J.), 『지구화 시대의 문화정체성』, 오창현 · 차은정 옮김, (서울: 당대), 2009.

피에르 부르디외, 『텔레비전에 대하여』, 현택수 옮김, (서울: 동문선), 1998.

피에르 부르디외 · 장클로드 파세롱, 『재생산』, 이상호 옮김, (서울: 동문선), 2003.

필립 스미스, 『문화이론―사회학적 접근』, 한국문화사회학회 옮김, (서울: 이학사), 2008.

하인리히 리케르트, 『문화과학과 자연과학』, 이상엽 옮김, (서울: 책세상), 2007.

한스 게오르그 가다머, 『과학시대의 이성』, 박남희 옮김, (서울: 책세상), 2009 (1982).

――――――――――――――――, 『진리와 방법 I』, 이길우 외 옮김, (서울: 문학동네), 2000.

헨리 젠킨스, 『컨버전스 컬처―올드미디어와 뉴미디어의 충돌』, 김정희원 · 김동신 옮김, (서울: 비즈앤비즈), 2008.

홍명희, 『상상력과 가스통 바슐라르』, (서울: 살림), 2006.

홍성민, 『피에르 부르디외와 한국사회』, (서울: 살림), 2011.

해외 문헌

Alan Swingewood, "Conclusion to the Myth of Mass Culture: culture and collectivism-myth as domination", Culture-Critical Concepts in Sociology (edited by Chris Jenks) Volume II, (London: Routledge), 2002.

──────────────, "The theory of mass society", Culture- Critical Concepts in Sociology (edited by Chris Jenks) Volume II, (London: Routledge), 2002.

Alfred Weber, "Fundamentals of culture-sociology: social process, civilizational process and culture-movement", Culture-Critical Concepts in Sociology (edited by Chris Jenks) Volume I, (London: Routledge), 2002.

Andre Gaudreault, "Showing and Telling: image and word in early cinema", Narrative Theory (edited by Mieke Ball) Volume IV, (London: Routledge), 2004.

──────────────, "Film, narrative, narration: the cinema of the Lumiere brothers", Narrative Theory (edited by Mieke Ball) Volume IV, (London: Routledge), 2004.

Aristotle, "Extracts from Poetics 6-11", Narrative Theory (edited by Mieke Ball) Volume I, (London: Routledge), 2004.

Brian H. Spitzberg, "A Model of Intercultural Communication Competence", Intercultural Communication, (edited by Larry A. Samovar · Richard E. Porter · Edwin R. McDaniel), (12th ed: Boston: Wadsworth Cengage Learning), 2009.

Charlie Gere, Digital Culture, (Chicago: Reaktion Books), 2003.

Chris Jenks, Cultural Reproduction (London: Routledge), 1993.

Christine L. Borgman, Scholarship in the Digital Age, (Massachusetts: MIT Press), 2007.

Edwin R. McDaniel · Larry A. Samovar · Richard E. Porter, "Understanding

Intercultural Communication: The Working Principles",
        Intercultural Communication, (12th ed: Boston: Wadsworth
        Cengage Learning), 2009.

Evan I. Schwartz, Digital Darwinism, (New York: Broadways Books), 1999.

Franca Orletti, "The Conversational Construction of Social Identity in Native/
        Non-native Interaction", Culture in Communication-Analyses
        of intercultural situation (edited by Aldo Di Luzio · Susanne
        Gunthner · Franca Orletti) Section III, (Amsterdam: John
        Benjamins Publishing Co.), 2000.

Frank Ernst Muller, "Inter- and Intra-cultural Aspects of Dialogue-
        Interpreting", Culture in Communication-Analyses of intercultural
        situation (edited by Aldo Di Luzio · Susanne Gunthner · Franca
        Orletti) Section III, (Amsterdam: John Benjamins Publishing Co.), 2000.

Gadamer, Hans-Goerg, Truth and Method, (New York: Crossroad), 1982.

Gabriele Pallotti, "Extenal Appropriations as a Strategy for Participating in
        Intercultural Multi-Party Conversations", Culture in
        Communication-Analyses of intercultural situation (edited
        by Aldo Di Luzio, Susanne Gunthner, Franca Orletti) Section
        III, (Amsterdam: John Benjamins Publishing Co.), 2000.

Genco Gulan, De-constructing the Digital Revolution, (Germany: LAP
        LAMBERT), 2009.

Gerard Genette, "Mood", Narrative Theory (edited by Mieke Ball) Volume
        I, (London: Routledge), 2004.

Hans Kellner, "Narrativity in history: post-structuralism and since",
        Narrative Theory (edited by Mieke Ball) Volume IV, (London:
        Routledge), 2004.

Harrison, (E) · Huntington, (P), Culture Matters, (New York: Perseus
        Books), 2001.

Harry C. Triandis, "Culture and Conflict", Intercultural Communication
        (edited by Larry A. Samovar · Richard E. Porter · Edwin R.

McDaniel), (12th ed: Boston : Wadsworth Cengage Learning), 2009.

Hayden White, "The value of narrativity in the representation of reality",
Narrative Theory (edited by Mieke Ball) Volume IV, (London
: Routledge), 2004.

Henry Jenkins, Convergence Culture, (New York : NYU Press), 2006.

Hopper, Paul, Understanding Globalization, (London: Polity Press), 2007.

Hubert Knoblauch, "Communication, Contexts and culture. A Communicative
Constructivist Approach to Intercultural Communication",
Culture in Communication-Analyses of intercultural situation
(edited by Aldo Di Luzio · Susanne Gunthner · Franca Orletti)
Section I, (Amsterdam: John Benjamins Publishing Co.), 2000.

H. Ned Seelye, Teaching Culture, (Illinois USA: National Textbook Company),
1993.

Jan Fairley, "The 'local' and 'global' in popular music", Pop and Rock
(edited by Simon Frith · Will Straw · John Street), (Cambridge:
Cambridge University Press), 2001.

Jay David Bolter · Richard Grusin, Remediation-Understanding New Media,
(Massachusetts: The MIT Press), 2000.

John Clarke · Stuart Hall · Tony Jefferson · Brian Roberts, "Sub cultures,
cultures and class", Culture − Critical Concepts in Sociology
(edited by Chris Jenks) Volume III, (London: Routledge), 2002.

John J. Gumperz, "Contextualization and Ideology in Intercultural
Communication", Culture in Communication-Analyses of
intercultural situation (edited by Aldo Di Luzio · Susanne
Gunthner · Franca Orletti) Section I, (Amsterdam: John
Benjamins Publishing Co.), 2000.

John Tomlinson, Globalization and Culture, (Polity Press: Cambridge), 1999.

Jonathan Culler, "Story and Discourse in the analysis of narrative", Narrative
Theory (edited by Mieke Ball) Volume I, (London: Routledge), 2004.

Justin Charlebois, "Language, Culture, and Social Interaction", Intercultural

Communication (edited by Larry A. Samovar · Richard E. Porter · Edwin R. McDaniel), (12th ed: Boston: Wadsworth Cengage Learning), 2009.

McLuhan, M., Understanding Media, (2nd ed.; London: Routledge), 2001.

Mieke Ball, "Narration and focalization", Narrative Theory (edited by Mieke Ball) Volume I, (London: Routledge), 2004.

Mike Featherstone, Global Culture, (London: Sage Publications), 1990.

Lev Manovich The Language of New Media, (Massachusetts: The MIT press), 2001.

Paul Willis, "Cultural production and theories of reproduction", Culture – Critical Concepts in Sociology (edited by Chris Jenks) Volume III, (London : Routledge), 2002.

Pierre Bourdieu, On Television, (New York: The New Press), 1996.

Randall Packer, Multimedia–from Wagner to virtual reality, (New York: Norton), 2002.

Rapaille, (C), Culture Code, (New York : Broadway Books), 2007.

Raymond Williams, "The analysis of culture", Culture –Critical Concepts in Sociology (edited by Chris Jenks) Volume II, (London: Routledge), 2002.

Richard K. Harker, "On reproduction, habitus and education", Culture– Critical Concepts in Sociology (edited by Chris Jenks) Volume III, (London: Routledge), 2002.

Richard Middleton, "Pop, rock and interpretation", Pop and Rock (edited by Simon Frith · Will Straw · John Street), (Cambridge: Cambridge University Press), 2001.

Ruth Benedict, "The integration of culture", Culture – Critical Concepts in Sociology (edited by Chris Jenks) Volume I, (London: Routledge), 2002.

Robert E. Park, "The problem of cultural differences", Culture– Critical Concepts in Sociology (edited by Chris Jenks) Volume I,

(London: Routledge), 2002.

Sara Cohen, "Popular music, gender and sexuality", Pop and Rock (edited by Simon Frith · Will Straw · John Street), (Cambridge: Cambridge University Press), 2001.

T. S. Eliot, "The three sense of "culture"", Culture—Critical Concepts in Sociology (edited by Chris Jenks) Volume II, (London: Routledge), 2002.

Will Straw, "Consumption", Pop and Rock (edited by Simon Frith · Will Straw · John Street), (Cambridge : Cambridge University Press), 2001.

W. J. T. Mitchell, "What is visual culture?", Culture – Critical Concepts in Sociology (edited by Chris Jenks) Volume IV, (London: Routledge), 2002.

연구논문 · 학위논문

강한균, 「동남아지역의 한류문화콘텐츠가 한국의 수출과 FDI에 미치는 경제적 효과 연구」, 『무역학회지』 제34권 제1호, 2009.

곽셀, 「언어 · 문화적 측면에서 한국어 교육연구」, 『국어교육학연구』, 2003.

권연수, 「한류지속을 위한 현지화 전략연구: 일본을 중심으로」, 『인문콘텐츠』 제6호, 인문콘텐츠학회, 2005.

권재욱, 「한국어 국외 보급 정책의 통합 방안 연구」, 동국대학교 석사학위논문, 2010.

김교빈, 「문화원형의 개념과 활용」, 『인문콘텐츠』 제6호, 인문콘텐츠학회, 2005.

김동윤, 「창조적 문화와 문화콘텐츠의 창발을 위한 인문학적 기반 연구— '융합학제적' 접근의 한 방향」, 『인문콘텐츠』 제6호, 인문콘텐츠학회, 2005.

김덕기 외, 「2009 외래 관광객 실태조사」, 한국문화관광연구원 (3분기 보고서), 2009.

김상배, 「한류의 매력과 동아시아 문화네트워크」, 『세계정치』 제28집 1호, 207.

김성섭 · 이미주, 「태국사회에서 한류 대중문화 상품이 한국의 국가이미지 인식과 한국 방문의향에 미치는 영향」, 『관광연구』 제23권 4호, 대한관광경영학회, 김성수, 「글로컬 관점에서 본 한류에 대한 재평가」, 『인문콘텐츠』 제18호, 인문콘텐츠학회, 2010.

김영찬, 「베트남의 한국 TV드라마 수용에 관한 현장연구」, 『커뮤니케이션학 연구』 제16권 3호, 2008.

김영찬, 「한류의 문화정치학」, 한국언론학회, 2006.

김유경, 「국가 정체성(National Identity)의 정립을 위한 이론적 접근: Korean Dynamism의 철학적, 역사적 의미에 대한 고찰」, 『커뮤 김유정, 「융·복합 서비스 기술과 패러다임을 중심으로 한 유비쿼터스 서비스모델 개발에 관한 연구」, 『2007 하계학술발표논문집&학회지 제15권 1호, 한국컴퓨터정보학회, 2007.

김응숙, 「글로벌미디어 환경과 글로컬리즘 콘텐츠: 방송의 문화적 다원성과 다양성 확보방안」, 『방송공학회 논문지』 제12권, 5호, 2007.

김태훈, 「세계화 시대의 프랑스의 영상정책」, 『프랑스학연구』 제34호, 프랑스학회, 2007

노시훈, 「영화를 통한 프랑스 문학문화교육」, 『프랑스학연구』 제33호, 2005년 가을호, 2004.

노윤채·지영호, 「TV5monde의 교육자원으로서의 가치와 FLE수업에서의 활용」, 『프랑스학연구』 제43호, 2008년 봄호, 2008.

문옥표 외, 『동북아 대중문화 교류의 활성화를 위한 한국의 역할』, 경제·인문사회연구회 협동연구 총서, 2006.

민길수, 「외국인력 정책방향」, 『고용허가제 시행 7주년 평가토론회』 자료집, 2011.

박기수, 「한류의 지속방안을 위한 인문학적 성찰」, 『인문콘텐츠』 제6호, 인문콘텐츠학회, 2005.

박기현, 「상호매체성의 이론과 그 적용-피터 그러너웨이의 〈프로스페로의 서재〉를 중심으로」, 『비교문화연구』 제19집, 2010.

-----, 「신화의 변용과 자기신화화-장 콕토의 오르페우스 신화를 중심으로」, 『한국프랑스학논집』 제67집, 2009.

박기현·진형준, 「상상계와 바로크미학-질베르 뒤랑의 문화현상에 대한 구조적 접근 II」, 『프랑스어문교육』 제22집, 한국프랑스어문교육학회, 2006.

박정선, 「문화마케팅을 통한 문화소비자 만족 및 기업이미지 효과 분석」, 『관광연구저널』 제24호, 2010.

박주연, 「융합 환경에서 미디어 산업의 패러다임 변화에 따른 공급자와 이용자의 변화 연구」, 『커뮤니케이션학 연구』 제18권 1호, 2010.

박치완, 「창조경제와 콘텐츠의 세계화」, 『한국문화콘텐츠의 세계화 전략』, 한국문화경제학회 2010 춘계학술대회, 2010.

-----, 「왜 글로컬문화콘텐츠인가?」, 『인문콘텐츠』 제20호, 인문콘텐츠학회, 2011.

-----, 「(문화─)세계화: 동일성의 폭력인가, 차이의 배려인가?」, 『이문논총』 제29집, 2009.

-----, 「상상력의 힘과 현재문명 비판」, 『비교문화연구 제9집』, 2005.

박치완·김성수, 「문화콘텐츠학과 글로컬문화」, 『글로벌문화콘텐츠』 제2호, 2009.

백승국 외, 「정성적 마케팅을 통한 감성 체계 연구」, 『호남문화연구』 제45호, 호남학연구원, 2009.

소영현, 「한일문화번역과 청년문화의 경계설정」, 『정신문화연구』 제32권 1호(통권 114호), 2009.

송태현, 「가스통 바슐라르: 과학철학에서 상상력철학으로」, 『한국프랑스학논집』 제42집, 2003.

심상민, 「국제문화교류 활성화를 통한 한류비즈니스 강화전략」, 『인문콘텐츠』 제13호, 인문콘텐츠학회, 2008.

양해림, 「매체의 해석학─맥루한의 『미디어의 이해』를 중심으로」, 『해석학연구』 제18집, 2005.

오양진, 「한국 문화브랜드 아이덴티티 및 커뮤니케이션 전략」, 『우리어문연구』 제30집, 현대문학, 2005.

원만희, 「매체와 지각: 마샬 맥루언의 매체론에 대한 철학적 논평」, 『철학적 분석』 제5호, 2001.

유길상, 「고용허가제 시행 7주년 성과와 향후과제」, 『고용허가제 시행 7주년 평가토론회』 자료집, 2011.

이유선, 「디지털 매체와 실재의 문제」, 『사회와 철학』 제16호, 2008.

이은숙, 「외국인을 위한 문화체험 중심의 한국문화교육 방안 고찰」, 『국어문학』

제48집, 2010.

이재영, 「유비쿼터스와 미디어 환경의 변화에 따른 콘텐츠 수급방안」, 『한국콘텐츠학회논문지』 Vol.7, No.4, 2007.

이준웅, 「한류의 커뮤니케이션효과: 중국인의 한국 문화상품 이용이 한국에 대한 인식과 태도에 미치는 영향」, 『한국언론학보』 제47권 5호, 한국언론학회, 2003.

이창현, 「한류경험의 유형이 국가브랜드 이미지와 기업 및 제품의 인식에 미치는 영향에 관한 연구」, 『한국광고홍보학회』 제87호, 2010.

임지혜, 「미디어 이용 실태와 문화적응에 관한 연구-국내 중국인유학생을 중심으로」, 『교육문화연구』 제15호 2집, 2009.

임홍빈, 「비판적 매체철학의 관점에서 본 공적합리성」, 『철학연구』 제29집, 2002.

임형재, 「지난 10년, 한국어 교육의 변화와 과제」, 『한민족문화연구』 제32집, 2010.

조광제, 「유비쿼터스 공간의 매체 철학적 함축에 대한 고찰」, 『시대와 철학』 제18권 2호, 2007.

채영길, 「다문화사회 변화과정의 재해석-이주민 주체와 이산 공론장의 형성」, 『언론과 사회』 제17권 2호, 2009.

최영묵, 「동아시아 미디어문화 교류에 대한 이론적 검토」, 『중국현대문학』 제30호, 2008

최인자, 「대중매체를 활용한 한국어 교육방법-텔레비전 드라마를 중심으로」, 『어문학교육』 제28집, 2004.

한민, 「문화콘텐츠 개발에 있어서의 문화심리학적 제언」, 『인문콘텐츠』 제10호, 인문콘텐츠학회, 2006.

한승희, 「내러티브 사고의 장르적 특징에 관한 고찰」, 『교육과정연구』 vol 24, no 2, 2006.

홍명희, 「바슐라르의 상상력의 현상학」, 『프랑스문화예술연구』 제24집, 2008.
-----, 「바슐라르의 상징 개념」, 『프랑스문화예술연구』 제27집, 2009.
-----, 「상상력의 교육과 교육적 상상력」, 『프랑스문화예술연구』 제21집, 2007.
-----, 「이미지와 상상력의 존재론적 위상」, 『한국프랑스학논집』 제49집, 2005.

기타

• 홈페이지

한국어세계화재단 홈페이지 http://www.glokorean.org

한국콘텐츠진흥원, http://www.kocca.kr

TV5monde 홈페이지, http://www.tv5monde.com

숨피(soompi) 홈페이지, http://www.soompi.com

국가브랜드위원회 블로그, 「영어권 최대 한류사이트, 숨피를 아시나요?」,
2011.8.

구글 홈페이지 이미지 인용.

• 영상물

영화(한국), 〈방가? 방가!〉.

TV 드라마, KBS 2TV, 〈성균관 스캔들〉.

TV 드라마, SBS, 〈뿌리 깊은 나무〉.

KBS 1TV 추석특집 다큐멘터리, 〈종가, 500년의 초대〉, 2011. 9. 13. 방송.

국가브랜드 위원회 공익광고, http://www.koreabrand.go.kr

• 보고서 外

국가브랜드 경영연구소, 「문화를 통한 국가브랜드 가치 제고전략 보고서」, 2003.

국가브랜드위원회 제1차 보고회의 보도자료, 청와대 홍보1비서관실, 2009.
3. 17.

문화체육관광부, 「한국문화산업의 현황과 전망」, 2005.

문화체육관광부, 「문화강국(C-KOREA) 2010-문화로 부강하고 행복한 대한
민국의 미래전략-」, 2005.

삼성경제연구소, 「문화마케팅의 부상과 성공전략」, 『CEO information』 372
호, 2002.

성균관대학교 사회과학연구소, 「문화를 통한 국가브랜드 제고전략 실행방안
연구 결과보고서」, 2002.

코트라(KOTRA), 「뉴질랜드를 통해 살펴본, 국가브랜드 전략 성공 키워드」,

2007.

한국어세계화재단, 「세종학당 운영 길잡이」, 문화체육관광부, 2011.

한국문화관광정책연구원, 「해외문화홍보체계 발전방안 정책토론회」, 2003.

한국저작권위원회, 「한국 문화산업의 태국 진출 구조와 현지 불법 저작물 시
　　　장의 특성」, 2008.

한국전파진흥원, 「한류확산을 위한 로드맵연구」, 2008.

한국콘텐츠진흥원, 『2010 콘텐츠산업통계(2009년 기준)』, 문화체육관광부,
　　　2010.

ㅡㅡㅡㅡㅡㅡㅡㅡㅡㅡㅡㅡㅡ, 『2009 콘텐츠 산업 백서』, 문화관광부, 2009.

ㅡㅡㅡㅡㅡㅡㅡㅡㅡㅡㅡㅡㅡ, 「2010 문화기술 정보집」, 2010.

ㅡㅡㅡㅡㅡㅡㅡㅡㅡㅡㅡㅡㅡ, 「문화기술(CT) 심층리포트: 스마트TV, 태블릿PC 기
　　　술 및 산업동향」, 2010. 8

ㅡㅡㅡㅡㅡㅡㅡㅡㅡㅡㅡㅡㅡ, 「뉴미디어 콘텐츠와 서비스의 분석과 전망-방송을 중
　　　심으로」, 『KOCCA연구보고서』 11~20, 2011.

손중권, 「아시아권 한국어 교육 수요 조사 분석 연구」, 국립국어원, 2007.

강원대학교 산학협력단, 「문화상품의 해외 진출 활성화 방안연구-한류를 중심
　　　으로」, 강원대학교 산학협력단 문화관광부 연구보고서, 2005.

김명중·최용준, 「아시아문화채널 설립·운영 기본계획연구」, 문화체육관광
　　　부, 2006.

박영일, 「신한류를 넘어서」, 한국콘텐츠진흥원(KOCCA)칼럼, 2011.

홍기원, 「이주민 관련 문화 프로그램의 현황분석과 개선방안에 대한 연구」,
　　　한국문화관광연구원, 2008.

정정숙, 「한·카자흐스탄 문화교류 활성화 전략 연구」, 한국문화관광연구원,
　　　2008.

김유경, 「국가브랜드 자산 평가 모델에 관한 연구 – 브랜드자산 구성요소를
　　　중심으로 –」, 한국방송광고공사, 2009.

윤재식 외, 「국제공동제작, 글로벌문화교류의 확장」, 한국방송영상산업진흥원,
　　　2007.

김명중·최용준, 「아시아문화채널 설립·운영 기본계획연구」, 한국방송학회,
　　　2006.

저자소개

임준철

한국외국어대학교 태국어과 졸업(학사)

중앙대학교 예술대학원 공연영상학과(석사)

논문: 가치사슬확대를 통한 영상콘텐츠 활용방안

한국외국어대학교 일반대학원 글로벌문화콘텐츠학과(박사)

논문: 글로벌/글로컬시대 문화융합과 미디어 콘텐츠 역할에 관한 연구

(주)오뎃사 기획실장(1999~2009)

MBC, EBS, 아리랑 TV 외 다수 프로그램 기획 연출

글로컬미디어 대표(2010~현재)

문화체육관광부, 〈방콕세종학당〉 설립 코디네이터(2011)

고용노동부, 〈우수숙련기술인 국민스타화 프로젝트〉 전문위원(2012~2013)

현재 외국인을 위한 한국생활 직업문화체험 프로그램, 〈한국문화생활백
서〉 운영 중(2013~현재)

저서: 『키워드 100으로 읽는 문화콘텐츠 입문사전』(2013, 공저)

디지털과 문화융합

ⓒ 2015 임준철

2015년 5월 10일 초판 1쇄 인쇄
2015년 5월 15일 초판 1쇄 발행

지은이 | 임준철
펴낸이 | 안우리
펴낸곳 | 스토리하우스

편 집 | 권연주
디자인 | 이주현 · 이수진
등 록 | 제 324-2011-000035호
주 소 | 서울시 영등포구 영등포동 8가 56-2
전 화 | 02-2636-6272 **팩 스** | 0505-300-6272
이메일 | whayeo@gmail.com
ISBN | 979-11-85006-16-1 03300

값: 14,800원

「이 도서의 국립중앙도서관 출판예정도서목록(CIP)은 서지정보유통지원시스템 홈페이지(http://seoji.
nl.go.kr)와 국가자료공동목록시스템(http://www.nl.go.kr/kolisnet)에서 이용하실 수 있습니다.
(CIP제어번호: CIP2015012608)」